グローバル資本主義の終わりと

ガンディーの経済学

森永卓郎
Morinaga Takuro

インターナショナル新書　058

目次

はじめに

２０１５年の国連サミットでＳＤＧｓ（持続可能な開発目標）が採択されてから5年が経った。ＳＤＧｓは、２０３０年までに達成すべき17の目標と１６９のターゲットを定めたものだ。17の目標とは、①貧困をなくそう、②飢餓をゼロに、③すべての人に健康と福祉を、④質の高い教育をみんなに、⑤ジェンダー平等を実現しよう、⑥安全な水とトイレを世界中に、⑦エネルギーをみんなに、そしてクリーンに、⑧働きがいも経済成長も、⑨産業と技術革新の基盤を作ろう、⑩人や国の不平等をなくそう、⑪住み続けられる町づくりを、⑫作る責任、使う責任、⑬気候変動に具体的な対策を、⑭海の豊かさを守ろう、⑮陸の豊かさも守ろう、⑯平和と公正をすべての人に、⑰パートナーシップで目標を達成しよう、という内容だ。要するに、格差をなくし、地球環境を守るという人類共通の目標を国連は掲げたのだ。つまり人類共通の利益をみなで追求しようという目標を国連は掲げたわけで、この目標に表立って反対する人は、ほとんどいないのではないだろうか。

しかし、いま世界はＳＤＧｓの理念とは、真逆の方向に進んでいる。格差は拡大の一途をたどり、一部の富裕層が富を独占している。温室効果ガスの排出量も２０１８年には、過去最悪を記録した。イタリアのベネチアが高潮で頻繁に浸水するようになっただけでなく、本来乾燥地域である中東や北アフリカでゲリラ豪雨に伴う鉄砲水が発生し、森林火災が頻発するなど、世界中で異常気象に基づく被害が出続けている。もちろん、日本もその例外ではなく、２０１８年には西日本豪雨が襲い、２０１９年には台風15号が千葉県を中心に大きな被害をもたらし、過去最強クラスの台風19号は東日本全体に深刻な傷跡を残した。同年9月に発生したオーストラリアの森林火災は、２０２０年に入ってからも続き、昆虫などの小さな生き物を除いても10億以上の動物が命を落としたとされる。原因は高温と乾燥で、オーストラリアの２０１９年の平均気温は、記録が残る１９１０年以降で最も高かった。

環境破壊だけではない。いま世界では、貧困に苦しむ人が圧倒的多数を占める一方で、とてつもない富裕者の数が急激に拡大している。こんな状態を望ましいと思っている人は、ほとんどいないだろう。ましてや、地球が壊れてしまってよいと考えている人などいないはずだ。それでは、なぜ人と地球が壊れてしまうような変化が続いているのか。

私は、根本的な原因は、資本主義の抱える矛盾が表面化してきたことだと考えている。ベルリンの壁が崩壊して以降のこの30年間は、資本主義が世界を覆いつくす時代だった。と言っても、若い人は分からないかもしれない。私が大学で勉強していた40年前は、教養課程で必修となる経済学は、近代経済学とマルクス経済学の2本立てだった。ところが、いま日本の大学では、マルクス経済学の講義がほとんど姿を消している。ベルリンの壁の崩壊以降、社会主義に「失敗」の烙印が押されるなかで、マルクス経済学も流行らなくなってしまったのだ。

しかし、カール・マルクスがみていた世界は、産業革命後に資本が暴走して、庶民の暮らしを破壊する経済の姿だった。グローバル資本が搾取を繰り返し、所得や資産の格差が空前のレベルにまで拡大しているいまこそ、マルクス経済学の意義はむしろ大いに高まっているのではないだろうか。

マルクスは、資本は「運動する価値」だと言った。資本家は、工場の機械や労働力を買って製品を作る。その製品に使用価値があると、製品が売れて、資本家のもとに利潤を加えた価値が戻ってくる。その過程で資本は利潤を拡大するために、可能な限り安価な労働力を使おうとする。労働者は人間性を奪われるほどの単純で、低賃金で長時間の労働を強いられる。しかし、資本はそこで運動をやめない。さらなる価値を求めて増殖を続ける。それが資本の本質だというのだ。これを私なりの言葉で言うと、富裕層は孫の代まで遊べる巨万の富を手にしても、それをもっと増やそうとするということだ。お金というのは1億円あったら一生遊んで暮らせる。10億円あったら子供の代まで全員が遊んで暮らせる。100億円あったら、孫の代まで全員が遊んで暮らせる。ところが富裕層は、100億円を手にしても、さらにそれを増やそうとする。それは、彼らがお金中毒で、お金を増やすことしか頭にないからだ。ところがまっとうなビジネスを続けていても、いつもお金を増やすことができるわけではないので、資本は暴走を始め、バブルを引き起こす。

人類は17世紀にオランダでチューリップバブルを起こして以来、大きなバブルだけで数十回のバブルを引き起こしてきた。しかし「バブルは必ず崩壊する」というのは、バブルの研究に生涯を捧げたジョン・K・ガルブレイスの言葉だ。そして、バブル崩壊から経済を立て直すためには、莫大な投資が必要になり、その投資がまた大きな環境破壊をもたらす。

例えば、2008年に発生したリーマン・ショックというバブルの崩壊は、世界に10

0年に一度と言われる経済危機を引き起こしたのだが、そこから世界経済が立ち直った最大の要因は、中国が驚異的な投資拡大に出たからだ。デヴィッド・ハーヴェイの『経済的理性の狂気』（作品社、2019年）によると、中国はたった2年間でアメリカが20世紀に消費した1・45倍ものセメントを建設工事のために費やしたという。そしてその投資の一部は、いま廃墟と化しているのだ。

こうした格差拡大や環境破壊を、SDGsのような人類共通の理性によって止めることができれば一番よいのだが、そうはならない可能性がきわめて高いと私は考えている。経済がグローバル化するなかで、グローバル資本による人間性を無視した労働力の利用が広がっているし、地球温暖化防止の目標を定めたパリ協定から、アメリカが離脱するようなことが現実に起きており、世界は温室効果ガスの排出を増やし続けているからだ。

だから、格差拡大と地球環境破壊にストップがかかるのは、理性によるソフトランディングではなく、破滅的な事態が生じることによるハードランディングになるだろう。それは、疎外された人たちの蜂起《ほうき》かバブルの崩壊のどちらかだ。

確かに、疎外された人たちが蜂起する兆候は、すでに表れている。アメリカで社会主義に好意的な若者が増えていたり、ウォール街を占拠した「99％」運動や反緊縮運動が世界中に広がる気配をみせているのだ。

しかし、私は、資本主義の矛盾に抗議する人たちが、「共産主義革命」を起こして、一気に社会を変えるようなことが起きるとは、考えていない。共産主義や社会主義が一度失敗しているという事実は、世界中の人々の心に深く刻まれているからだ。

一方で、新型コロナウイルスのパンデミックに伴う金融バブルの崩壊は、すでに発生している。この経済危機が、資本主義を崩壊させていく可能性は高いだろう。

それでは、資本主義の崩壊後に、我々はどうしたらよいのか。私は、これからの世界を救うのは、ガンディーの経済学ではないかと考えている。

インド建国の父であるマハトマ・ガンディー（1869～1948年）は、自由貿易や近代工業化に反対した。私は当初、ガンディーが経済学を理解していないと考えていたのだが、違った。ガンディーが貧困や格差をなくすためにどうしたらよいのかを考え抜いた結果、たどりついたのが「近くの人が近くの人を助ける」という「近隣の原理」だった。大規模な工場を誘致しても、その工場で働く人しか貧困を脱することができない。また、勤労者の主体性は失われる。それよりも、近所の人が作った農産物を食べ、近所の人が作った服を着て、近所の大工さんが建てた家に住む。そうすれば、その地域に雇用が生まれ、経済が回りだす。そうした地域内経済を広げていけば、世界から貧困をなくせるとガンディーは考えたのだ。

具体的にどうすればよいのか。それは、本書のなかで順を追って、書いていこうと思う。

第一章　壊れ続ける地球

地球環境の悪化

地球が壊れ始めている。そのことに薄々気づいている日本人は、少なくないはずだ。少なくとも2018年の西日本豪雨と関西国際空港を水没させた台風21号、あるいは2019年に千葉県に大きな被害を出した台風15号、北陸新幹線の車両基地を水没させた台風19号を経験していれば、地球がおかしくなってきていることを感じざるを得ないだろう。数十年に一度しか起きないと言われるレベルの異常気象が、毎年どころか、数か月に一度のペースで日本を襲っているのだ。台風が凶暴化した原因は、もちろん地球温暖化で海面温度が上昇したからだ。

しかも、地球温暖化が地球に与える影響は台風の凶暴化だけではない。2020年1月に気象庁気象研究所など日中韓の研究チームが、「地球温暖化がいまのペースで進むと、日本周辺での台風の移動速度が今世紀末には現在より1割程度遅くなる」という予測結果を英科学誌の「ネイチャー・コミュニケーションズ」に掲載した。台風が減速すると、暴風雨にさらされる時間が長くなり、洪水や土砂災害などの被害が拡大するのだ。

研究チームは、スーパーコンピューターを用いて、地球の平均気温が産業革命時より4度上昇した場合の、台風の移動速度を計算した。その結果、中緯度帯で現在より速度が約

10％遅くなることが判明した。速度が遅くなる理由は、偏西風が北上して、台風を動かす風が弱まるためだという。大型の台風が日本に居座り、大きな被害をもたらすようになるのだ。

すでに、２０１８年７月の西日本豪雨では、各地で河川の氾濫や浸水、そして土砂災害が発生し、死者２６３人、行方不明者８人といった大きな人的被害が出た。それだけでなく、道路や水道などのインフラにも大きな損害が生じた。２０１９年９月の台風15号の恐ろしさは、私も身をもって感じた。ちょうど台風の後に千葉県白《しら》子《こ》町《まち》で大学のゼミ合宿があり、合宿先のホテルがたまたま停電を免れたため、私は車を運転してホテルに向かった。途中、林のなかの木々をみると、真ん中のところでポッキリと折れて、断面がささくれ立っていた。生まれて初めてみる光景だった。また、多くの戸建て住宅の屋根にはブルーシートが張られていた。その台風15号の被害で、私の心に一番突き刺さったのは、停電が長期間にわたって続いたことだ。コンビニが停電のために営業できなくなり、冷凍保存されていた食品は廃棄するしかなくなった。場所によっては1か月以上にわたった停電の被害で、住民は大変な苦労を味わった。すでに私たちの生活を根底から脅かすほど、地球環境の悪化は牙をむき始めているのだ。

日本の自然環境がおかしくなってきていることは、世界も認めている。気候変動枠組条約第25回締約国会議（COP25）が開かれたスペイン・マドリードで、2019年12月4日、熱波や干ばつ、洪水などによる世界各国の被害を分析しているドイツの環境シンクタンク「ジャーマンウオッチ」が、2018年に異常気象によって世界で最も深刻な被害を受けたのは、「日本」だったとする分析を発表したのだ。西日本豪雨や、台風21号、そして埼玉県熊谷市に41・1度と国内観測史上最も高い気温をもたらした猛暑を理由にあげた。シンクタンクは、これだけの被害が重なったことの原因は、地球温暖化以外に考えられないとしている。

それだけではない。2019年は、台風15号と19号の経済損失が2兆7500億円という巨額に及んでいる。また、2018年に河川の氾濫危険水位を超えた事例は474件で、過去4年で約6倍に増えている。まさに地球温暖化は、日本に牙をむき始めているのだ。

16歳の少女のスピーチ

ところが、日本がこれだけ大きな被害を受けているというのに、いまだに多くの日本人は、地球温暖化対策を自分のこととして考えていない。しかし、世界はそうではないのだ。

2019年9月23日、16歳の少女、スウェーデンの環境活動家グレタ・トゥーンベリさんは、ニューヨークの国連本部で開かれた国連気候行動サミットに出席して、大人たちを叱責する次のようなスピーチをした。以下は、その全文だ。

私から皆さんへのメッセージ、それは「私たちはあなたたちを見ている」、ということです。私は今、この壇上にいるべきではありません。私は海の向こうで学校に行っているべきです。それなのに、あなたたちは私に希望を求めてここにきたのですか？ よくそんなことができますね！ あなたたちは空っぽの言葉で、私の夢そして子供時代を奪いました。それでも私はまだ恵まれている方です。多くの人たちが苦しんでいます。多くの人たちが死んでいます。全ての生態系が破壊されています。私たちは大量絶滅の始まりにいます。それなのにあなたたちが話しているのは、お金のことと、経済発展がいつまでも続くというおとぎ話ばかり。恥ずかしくないんでしょうか！ 30年以上にわたって、科学ははっきりと示してきました。それに目をそむけて、ここにやって来て、自分たちはやるべきことをやっていると、どうして言えるのでしょうか。必要とされている政治や解決策はどこにも見当たりません。あなたたちは私たちに〝耳を傾けている〟、そして緊急性を理解していると言います。しかしどれだけ私が怒り悲しんでいようとも、私はそれを信じたくありません。なぜなら、もしあなたたちが状況を理解していながら行動を起こしていないのであれば、それはあなたたちが邪悪な人間ということになるからです。私はそれを信じたくありません。二酸化炭素排出量を10年で半分に減らしたとしても、地球の平均気温の上昇を1・5℃以下に抑えるという目標を達成する可能性は50％しかありません。そしてそれによる取り戻しのつかない連鎖反応を埋め合わせることは、制御不能になります。あなた方は50％でいいと思っているのかも知れません。しかしその数字には、ティッピング・ポイント（小さな変化が集まって、大きな変化を起こす分岐点）やフィードバックループ（フィードバックを繰り返して改善していくこと）、空気汚染に隠されたさらなる温暖化、そして環境正義や平等性などの要素は含まれていません。そして、私たちや私たちの子供の世代に任せっきりで、何千億トンもの二酸化炭素を吸っている。私たちは50％のリスクを受け入れられません。私たちは、結果とともに生きなければいけないのです。「気候変動に関する政府間パネル」が発表した、地球の温度上昇を1・5℃以下に抑える可能性を67％にするために残っている二酸化炭素の量は、2018

年1月の時点で420ギガトンでした。今日、その数字はすでに350ギガトンにまで減っている。なぜこれまでと同じやり方で、そしていくつかの技術的な解決策があれば、この問題が解決できるかのように振舞っていられるのでしょうか。現在の排出量レベルを続ければ、残っているカーボンバジェット（温室効果ガス累積排出量の上限）は、8年半以内に使い切ってしまいます。しかしこの現状に沿った解決策や計画は作られないでしょう。なぜならこの数字は、とても居心地が悪いから。そしてあなたたちは、それを私たちにはっきりと言えるほど十分に成熟していない。あなたたちは、私たちを失望させている。しかし、若い世代はあなたたちの裏切りに気づき始めています。未来の世代の目は、あなたたちに向けられている。もしあなたたちが裏切ることを選ぶのであれば、私たちは決して許しません。私たちはこのまま、あなたたちを見逃すわけにはいかない。今この場所、この時点で一線を引きます。世界は目覚め始めています。変化が訪れようとしています。あなたたちが望もうが望むまいが。

（2019・9・24　ハフポスト／訳文は安田聡子氏による）https://www.huffingtonpost.jp/entry/greta-thunberg-un-speech_jp_5d8959e6e4b0938b5932fcb6

グレタさんの演説は世界中に大きな共感の輪を広げた。若い世代にとって、地球環境破壊の問題は、大人たちよりずっと深刻だ。彼らの生きているうちに地球が生存不能な惑星になってしまう可能性さえあるからだ。生存不能にならなくても、このまま行ったら、未来の暮らしは、かなり制限されたものになる。しかし、そのことを日本人はあまり気にかけていないように私にはみえるのだ。

環境破壊で世界から敵視される日本

国連環境計画（ＵＮＥＰ）が２０１９年11月26日に発表した年次報告書（温室効果ガス排出ギャップ報告書）で、２０１８年に排出された温室効果ガスが過去最高の５５３億トン（二酸化炭素換算）となったことが明らかになった。過去最悪更新は2年連続だ。

世界の平均気温を産業革命前と比べて１・５度の上昇以下にとどめるというパリ協定の目標を達成するためには、温室効果ガス排出量を２０３０年まで毎年７・６％ずつ削減しなければならない。しかし、排出量が増え続けている現状を考えるとその達成は不可能に近い。温室効果ガス排出量は、この10年で16％も増加しているのだ。ＵＮＥＰは、パリ協定で各国が表明した削減策が実行されても、世界の平均気温が３・２度上昇する可能性があるとしている。そうなれば、地球は壊滅的な被害を受けることになる。

2019年10月29日に「ネイチャー・コミュニケーションズ」に掲載されたプリンストン大学の研究では、海面上昇により今世紀末までに3億4000万人もの人が住む家が高潮で浸水するという。水没は、南の島だけの話ではないのだ。

地球温暖化の被害は、そうした未来の話だけではない。2019年にイタリアのベネチアは、3度も浸水の被害を受けている。日本も、2018年の西日本豪雨や台風21号、2019年の台風15号、19号は、甚大な被害をもたらした。異常気象の最大の要因は、海面温度の上昇だ。日本にとっても温暖化対策は待ったなしなのだ。

ところが温暖化対策の面で、いま日本は世界から敵視されている。二酸化炭素排出量の多い石炭火力発電を推進しているからだ。

2019年11月29日付の中日新聞の報道によると、9月にニューヨークの国連本部で開催された気候行動サミットで、日本政府が安倍晋三総理の演説を要望したが、国連から断られていたことが分かったという。6月に日本がまとめた温暖化対策では、21世紀後半のできるだけ早期に温室効果ガスの排出を実質ゼロにすることを掲げたが、世界の65か国が2050年という年次を明示して排出ゼロを表明するなかで、日本が「2000年代後半のできるだけ早い時期」という表現で、具体的な時期を明示しないことが世界の不興を買っているのだ。

同じようなことは、ＣＯＰ25の場でも起きた。２０１９年12月３日に、１２０か国以上、１３００もの環境ＮＧＯでつくる気候行動ネットワーク（ＣＡＮ）が日本を「化石賞」に選定したと発表したのだ。化石賞は、地球温暖化対策に後ろ向きと認定された国に与えられる。梶山弘志経済産業相が当日の記者会見で石炭火力発電に関して、「石炭開発、化石燃料の発電所というものは選択肢として残しておきたいと考えております」と発言したことが受賞理由となった。

また、そのわずか８日後の12月11日に日本は再び化石賞に選ばれ、２度目の受賞となった。同じくＣＯＰ25で、各国が温室効果ガスの排出削減目標の引き上げを表明するかどうかに関心が集まるなかで、小泉進次郎環境大臣が演説のなかで目標の引き上げにまったく言及しなかったことが受賞理由となった。小泉大臣は、「世界的な批判は認識している。いま以上の行動が必要だ」と述べたのだが、新たな具体策を発表することさえできなかったのだ。

小泉進次郎環境大臣が何も言えなかったのは、日本政府が既存エネルギーに対して並々ならぬ執着を持っているからだ。2020年1月20日に召集された通常国会の施政方針演説で安倍総理は、「革新的環境イノベーション戦略」を採ることを表明した。今後10年間で官民合わせて30兆円の資金を投じて、二酸化炭素を原料とするコンクリートを開発したり、大気中の二酸化炭素を吸収したりするための技術開発を推進するというのだ。しかし、石炭火力発電で二酸化炭素を大量に放出して、それを吸収するための技術を莫大な資金を投じて開発するというのは、マッチポンプ以外の何物でもない。

本来であれば、再生可能エネルギーをもっと活用すれば、温室効果ガスの排出を減らすことはできる。これだけ世界から批判を浴びているのに、なぜ日本政府は、それを言い出さないのか。

おそらく、再生可能エネルギーが大きな地位を占めてしまうと、原発の出番がなくなってしまうからだろう。実際、政府のエネルギー基本計画では、電源全体に占める原子力発電の割合を20~22%にすることを長期目標にしている。しかし、22%というのは、現存する原子力発電所をすべて再稼働したときの水準だ。今後、安全基準を満たせなかったり、耐用年数を迎えて廃炉になる原発が出てくる。そうなれば、22%の比率を達成しようと思ったら、原発の新設・増設を進めていかなければならない。政府は、いまだに原子力推進の立場を取っているのだ。そのことは、別の側面からも明らかだ。

原発再稼働にまい進し続ける日本

東日本大震災の翌年、２０１２年に政府は再生可能エネルギーの固定価格買い取り制度を発足させた。太陽光や風力、地熱などの再生可能エネルギーの発電設備を設置した場合、発電された電力を20年間にわたって固定価格で買い取ることにして、再生可能エネルギーの普及を促したのだ。そのなかで、日本の気象条件との相性がよく、最も成功したのが太陽光発電だった。初年度は、10キロワット以上の発電能力を持つ太陽光発電設備を設置した事業者には、１ｋＷｈ（キロワットアワー）当たり40円（消費税別）という単価での買い取りを20年間にわたって保証した。数千万円という小規模な投資でも太陽光発電の事業に参入が可能という事情もあって、日本中に太陽光発電設備ができた。その結果、２０１８年に全電力に占める太陽光発電の比率は、６・５％にまで高まっている。しかし、固定価格買い取り制度導入後の日本での太陽光発電の歴史は、「弾圧」の歴史でもあった。

産業用太陽光発電（10キロワット以上）の買い取り単価は、固定価格買い取り制度導入の後、毎年引き下げられていった。２０１３年度の36円を皮切りに、32円、29円、24円、21

円、18円、14円と毎年下がっていき、2020年度には12円まで下がった（50キロワット以上の場合）。

現在の家庭用電力料金の1kWh当たりの平均単価は29円（基本料金等をすべて含んだモデル世帯の平均）だ。つまり、太陽光発電の買い取り単価は、すでに我々が支払っている電力量料金の4割にまで下がっているのだ。

総合資源エネルギー調査会の発電コスト検証ワーキンググループが2015年に発表した電源別の発電コストの推計によると、1kWh当たりの発電単価は、原子力が10・1円、石炭火力が12・3円、LNG（液化天然ガス）火力が13・7円、風力が21・6円、地熱が16・9円、一般水力が11・0円、大規模太陽光発電が24・2円となっている。ただし、原発のコストには、放射性廃棄物の最終処分の費用や原発事故の補償や復旧費用は含まれていない。その推計は非常に難しいが、それらを含めた原子力発電の本当のコストは、ワーキンググループが示した原子力発電のコストの2倍近い金額になるだろう。

そのことは、2019年度の時点の固定価格買い取り制度の単価でも、温室効果ガスを出さないエネルギーのなかで、太陽光発電は最もコストの低い発電方法となっていることを意味している。しかし、経済産業省は、2020年度にも固定価格買い取り制度を廃止するという、電力コストをむしろ増やす方針を示している。

おそらく経産省の論理だてはこういうことになるのだろう。現在、電気料金に上乗せされる再生可能エネルギー発電促進賦課金は、1kWh当たり2・98円まで高まっており、このまま続けると、家計の電気代負担が大きくなってしまう。一方、世界から温室効果ガス抑制の圧力は高まっている。だから、温室効果ガスを出さない原発を再稼働していくしか日本には道がないという論理だてだ。

もちろん、原発は放射性廃棄物の最終処分の方法さえ定まっておらず、またひとたび事故を起こせばとてつもない環境破壊をもたらすことは、福島第一原発の事故を持ち出すまでもなく明らかだ。しかし、経産省は、原発再稼働にまい進するのみだ。

実際、東日本大震災で被災した東北電力女川《おながわ》原発2号機（宮城県）が、2019年11月27日に再稼働の前提となる原子力規制委員会の審査で事実上合格した。東北の太平洋側では、過去に大地震や津波が繰り返されていることや、東日本大震災の際には外部電源5回線のうち4回線が停止して、重大事故寸前だったという事実は無視されたのだ。

現在、稼働中の原発は、玄海、川内《せんだい》、高浜、大飯《おおい》、伊方《いかた》という西日本にある5原発の9基だが、審査に合格して未稼働の原発が5原発7基も存在する（2020年3月時点）。福島第一原発が引き起こした環境汚染がどれだけ厳しいものであっても、政府は温室効果ガス削減という錦の御旗《みはた》の下、再稼働を断行するのだ。

原発に経済合理性は一切ない

安倍政権は、これまで原発輸出を成長戦略の一つの柱として位置づけてきた。しかし、それも、もはや風前の灯《ともしび》となっている。

日立製作所は、2019年1月17日に取締役会を開き、イギリスで進める原子力発電所建設計画を凍結することを決めた。これに伴い日立製作所は、3月期の決算で大規模な特別損失を計上した。このため、日立製作所の連結純利益は、当初予想の4000億円の黒字から2225億円の黒字と大幅に減少した。

なぜ、こんなことが起きたのか。実は、福島第一原発の事故を受けて、原発の安全基準が世界中で厳しくなった。そのため日立製作所が建設を進めてきたイギリス原発の事業費が2兆円から3兆円へと、1・5倍に膨れ上がったのだ。また、日立製作所が期待していた電力会社など、国内他企業からの出資も、予定通り集まる見通しがつかなかった。

日立製作所の東原敏昭社長は会見で、「開発をこれからも続けるとさらにコストがかかり、民間企業の日立がすべてを負担するのは限界がある」と話した。つまり、原発の採算が取れないと判断したということだ。

実は、この判断の背景には、日立が原発で生み出した電力をイギリス側に売電するときの価格の問題がある。イギリスが高い値段で電力を買ってくれるのであれば、採算は取れるはずだ。しかし、イギリス政府は後ろ向きだ。イギリスが進める洋上風力発電のコストが急激に下がっていて、原発のコスト優位性がなくなってきているからだ。

これまで、原発の最大のメリットとして喧伝されてきたのが、低コストだった。ところが、安全対策の強化で、そのコストが急増する一方で、再生可能エネルギーのコストは急減しているのだ。

原発の発電コストは1kWh10円程度とされてきたが、安全対策コストの増大で、今後は確実に上がっていく。つまり、再生可能エネルギーのコストのほうが、原発のコストよりもずっと安くなる事態が、目前にきているのだ。そうなれば、原発を建設する合理的な理由はどこにもなくなる。

現に、東芝がアメリカ子会社で進めていた原発建設は、すでに2017年に、経営が行き詰まって清算され、三菱重工がトルコで進める原発建設も暗礁に乗り上げている。日本の原発輸出は、完全崩壊の状況なのだ。

黒幕は国

それでも経産省は、将来にわたって原発を確実に残していく構えだ。2019年3月23日の朝日新聞デジタルが驚くべきニュースを報じた。経産省が、発電事業者が小売事業者に原発で作った電力を売る際に、市場価格に一定額を上乗せして取引することを可能にする制度を創設する方向で検討しているというのだ。事実上、国民の電気料金負担で、原発への補助金を出す仕掛けだ。

表向きの導入理由は、環境対策だ。温室効果ガスを出さない原発を優遇して、環境対策を強化しようというのだ。ニューヨーク州が導入している「ゼロ・エミッション・クレジット」という制度が、原発の電気に1kWh当たり約1・9円を上乗せしていることがモデルになっているという。

しかし、これまで述べてきたように経産省が環境対策を目的にしていないことは、明らかだ。すでに、再生可能エネルギーのほうが、原発よりもコストが安くなっているからだ。コストが合わないからこそ、経産省は原発に補助金を出そうとしているのだ。

それでは、経産省がこれほど原発推進に傾倒する本当の理由は何なのか。大きな理由の一つは利権の存在だろう。利権の全貌は、まったく明らかになっていないが、一端を垣間見ることができる事件が発生した。高浜原発が立地している福井県高浜町で「陰の町長」と呼ばれた地元の実力者の森山栄治元助役から、関西電力の幹部ら23人が3億2000万円の金品を受け取っていた事件だ。

「返したくても返せず、我慢を重ねてきた」。関西電力の岩根茂樹社長は、やむを得ない対応であったことを強調した。どうやら関西電力は、森山氏にすべての責任をなすりつけたかったようだ。岩根社長の就任祝いとして渡された菓子箱の底には金貨が入っていたという。これだと、森山氏は、時代劇の「越後屋」の扱いだ。

しかし、冷静に事実を振り返れば、関西電力の「返却を強く拒絶されたための一時的な保管だった」という説明は、無理があり過ぎる。まず、金貨などの高額の金品の保管が最長11年に及んでいることだ。また、個人による保管が行われていたことも異常だ。森山氏への配慮から、どうしても金品の返却ができなかったとしても、その場合は会社として保管すべきだ。それをせずに個人で保管していたというのは、事実上着服したとみられても仕方がない。また、受領した金品の大部分は、すでに返却したとされたが、3487万円分が未返却となっている。この未返却分の多くはスーツのお仕立券だとされている。なぜ、返せないのかといえば、すでに仕立ててしまったからだろう。つまり、1着50万円のスーツは、すでに着服されていたのだ。

さらに、すでに返却されたとされる2億8358万円についても疑惑が残る。2018年1月に森山氏が顧問を務めていた吉田開発に税務調査が入り、事件が発覚することになったのだが、返却された金品の56％が、税務調査の後に返却されたのだ。しかも、鈴木聡常務を除く19人分についてみると、実に73％が税務調査後に返却されている。

こうした事実から考えると、吉田開発への税務調査で金品の受領が発覚して、あわてて返却したというのが実態なのではないか。しかも、受領した金品は着服されていた可能性もある。お金や金貨に色はついていないから、後から「一時保管していました」と言って、自分の預金から返却しても分からないのだ。

さらに大きな疑問は、会社としての対応だ。金品受領問題は、2018年7月に社内委員会が調査を開始し、9月には報告書が取りまとめられている。しかし、その調査結果は、取締役会に報告されることなく、隠ぺいされてきた。そして2019年3月に森山氏が死去した後、会見を開くことになったのだ。

ただ、現実はさらにひどかったことが、関西電力が設置した第三者委員会が2020年3月14日に公表した報告書で明らかになった。金品を受領していたのは75人で、社内調査で明らかになっていた23人の3倍以上に膨らんだ。受領した金額も、4000万円多い3億6000万円だった。しかも、関西電力が「返したくても返せなかった」と、森山氏の暴走だったとしていたことも完全に否定された。第三者委員会の報告書では、関西電力が森山氏の関連企業に工事の発注を事前に約束し、実際に発注が行われていた。森山氏から関西電力幹部に渡っていた金品は、その見返りだったのだ。完全な癒着であり、完璧な贈収賄事件だ。

私は法律の専門家ではないので、なぜだかよく分からないのだが、法律的には、森山氏が亡くなっており、贈賄側の証言が取れなくなったため、関西電力幹部の会社法上の収賄罪や特別背任罪での立件は、難しいのだという。

しかし、少なくとも脱税での強制捜査はすべきだ。豊松秀己《ひでき》元副社長と鈴木聡常務は、それぞれ1億円以上の金品を受領しているからだ。2018年12月、大阪城公園内でたこ焼きなどを販売する売店の売り上げを申告せず、約1億3200万円を脱税したとして所得税法違反に問われた経営者の女性に、大阪地裁は、懲役1年、執行猶予3年、罰金

2600万円の判決を言い渡した。「確定申告の方法が分からず、納税できなかった」という被告の主張は一切認められなかった。

たこ焼き屋の女性経営者と関西電力の幹部のどちらが悪質かと言えば、働きもせず大金を得た関西電力幹部だろう。だから、国税が動くべきだ。「一時保管」という言い逃れを認めたら、誰も税金を払わなくなるからだ。しかし、現実には金品を受け取っていた関西電力は、誰一人逮捕されなかった。そのこと自体が、原発利権が国ぐるみだったことを物語っているのではないか。

原子力発電所を作ったのは、形式的には関西電力だ。だが、関西電力に原発を作らせたのは、事実上、原発推進のエネルギー基本計画を作っている国だ。原発建設には住民の反対が避けられない。そこで国の代わりに関西電力が前面に立つ。関西電力は、森山氏という現地の元助役と長期間にわたり完全な癒着をすることで、国の施策を実現したのだ。つまり、関西電力贈収賄事件の黒幕は国なのだ。もちろん、法律的には関西電力がやったことだから、原発担当の官僚が法的責任を問われることはない。それどころか、涼しい顔をして、いまだに原発推進を続けている。そんな官僚には、エネルギー関係のおいしい天下り先が待ち受けているのだ。

第二章　壊れ続ける庶民の暮らし

わたしたちは99%

「オキュパイ・ウォールストリート（ウォール街を占領せよ）」。そうしたSNSのつぶやきに多くの若者が共鳴し、ニューヨークのウォール街（金融街）で抗議運動を行ったのは2011年9月のことだった。格差拡大に抗議するデモは、翌月にはワシントンやロサンゼルス、ボストン、シカゴなど、瞬く間に全米に広がっていった。

こうした運動の機運は、2008年9月のリーマン・ショックによって生まれた。いまから振り返るとリーマン・ショックというのは、ウォール街が作り出したバブルの崩壊だった。アメリカの金融業界は、焦げ付きが確実なサブプライム・ローンを証券化した商品を含む複数の証券を組み合わせて、高利回りのCDO（債務担保証券）という商品を作り出した。金融工学という高度な数学に基づいてリスクコントロールしたため、高利回りであるにもかかわらずローリスクになっているという触れ込みだった。しかし、金融工学が実際にやっていたのは、リスクを相殺して下げることではなく、リスクがみえないように隠ぺいすることだった。CDOのメッキがはげると、価格が暴落し、紙くず同然になってしまった。その損失が世界中に広がっていったのが、リーマン・ショックの中心で起きた事態だった。いわば、金融詐欺だったのだ。

1980年代後半のアメリカで、S&L(貯蓄貸付組合)が、ずさんな経営で次々に破綻したとき、数百人もの経営者が刑事責任を問われ、次々と刑務所に送られた。ところが、リーマン・ショックの際には、誰一人逮捕されることはなかった。それどころか、アメリカ政府は、莫大な公的資金を投入して金融機関を救済した。その結果、世界景気の立ち直りとともに株価は急速に回復し、そして富裕層は再び大きな所得を得るようになったのだ。いまやアメリカでは、人口の1%にあたる富裕層が、国民所得の約20%を独占していると言われている。反格差社会デモでは、「わたしたちは99%」というスローガンも共有され、格差拡大を非難する若者の運動は、世界中に広がった。

実は、富裕層による富の独占は、その後さらに過激化している。国際NGO(非政府組織)のオックスファムが2017年1月16日、世界の富豪トップ8の資産額が、下位50%(36億7500万人)の資産合計とほぼ同じだとする報告書を発表した。報告書は、トップ8の具体的な名前を明かしていないが、マイクロソフト創業者のビル・ゲイツ、アマゾン創業者のジェフ・ベゾス、投資家のウォーレン・バフェット、フェイスブック創業者のマーク・ザッカーバーグなどが含まれているとみられる。大富豪8人全員がアメリカ人である可能性も高いのだ。

同様の報告はいくつも出されている。例えば、前出のオックスファムは、「2018年に世界で最も裕福な26人の資産の合計が、経済的に恵まれない世界人口の38億人（世界人口の半数）の資産合計とほぼ同じだ」とする報告書を2019年1月に発表している。いずれにせよ、ごく少数の富裕層が、資産を独占していることは間違いない。

こうした極度に達した格差拡大に対して、アメリカの若者は怒りを継続させている。2019年12月1日付の毎日新聞は、一面トップで「富裕層に富集中　格差広がる冷戦後に現れた『社会主義に好意的』な若者」と題する記事を掲載している。

〈アライズ　ヤ　プリズナー　オブ　スタベーション（立て飢えたる者よ）……〉。木枯らしが吹く11月10日の米ニューヨーク・マンハッタン。雑居ビルの一室で2日間にわたって開かれた集会が終わりを迎えると、約90人の若者らが立ち上がって拳を振り、歌い始めた。革命歌「インターナショナル」。30年前、米国は資本主義を掲げる西側陣営を率い、東西冷戦を終わらせた。だが、その米国の経済の中心地で、社会主義の象徴である歌が高らかに響いていた。

集会を開催したのは、ロンドンを拠点とする社会主義者団体「国際マルクス主義潮流」（ＩＭＴ）の米支部。会場には「社会主義かバーバリズム（野蛮）か」とのスローガンが掲げられていた。書記長のジョン・ピーターソン氏が「億万長者や企業トップは我々を気にもかけない。社会主義のために闘おう」と訴えると、参加者は一様にうなずいた。

米国では一部の富裕層に富が集中していることに不満が募る。学費ローンの返済に苦しむ若者や、医療保険料を支払えない人も多い。ＩＭＴメンバーのアントニオ・バルマーさん（27）は高校生だった２００８年、リーマン・ショックで人生が変わった。世界的な金融危機の影響で建設業だった父親は仕事を失い、家も資産もすべて売り払った。「家族みんなで祖母の家に転がり込んだ。その時に思った。資本主義っていったい何なのかと」。その年からインターネットで調べたＩＭＴの活動に加わっている。

米ソ冷戦の記憶が残る米国では、社会主義や共産主義はタブー視されてきた。だが、ソ連崩壊以降に生まれた世代の抵抗感は薄れている。彼らは反対派の粛清や飢餓で多数の死者を出したスターリン独裁体制（１９２０年代～53年）も直接は知らない。オース・メルチャさん（22）は教員になるために大学で学ぶが、週末は働いて、母と暮らす自宅の家賃を払っている。スターリン時代の社会主義は多数の犠牲者も出したのではないか。そう尋ねると「関節の病気を患った時、私は保険に加入できていた。保険がなければ月80ドルを自腹で払わなければならなかった。でも私は幸運だ。保険代も払えず死ぬ人がいる。いまは資本主義の下で多くの人が死んでいる」と話した。

米ギャラップ社の調査（２０１８年）によると、「社会主義に好意的」と答えた人は18～29歳の若者で51％に上ぼり、資本主義の45％を上回る。バルマーさんは「歴史に関心を持てばソ連の教訓も学べる。ただ、社会主義はもうタブーじゃない。若者たちは劇的な解決策を必要としている。劇的な危機の中にいるのだから」。

冷戦が終結した時、西側は勝利に沸き、多くがそれを社会主義の失敗と捉えた。だが、ＩＭＴ米支部書記長のピーターソン氏はこう言った。「今は資本主義が失敗している」

格差大国、日本

アメリカの庶民、特に若者は格差拡大に対して明確な怒りを表明している。一方の日本はどうだろうか。日本には、アメリカのような大富豪は存在しない。だから、日本はアメリカと比べれば、ずっと平等だということになっている。しかし、それは真っ赤なウソだ。

２０１４年の総務省「全国消費実態調査」は、国民が保有する資産を調査している。この調査では、消費者自らが資産額を回答しているのだが、結果は、単身世帯の平均資産額が２６５２万円、２人以上世帯が３４９１万円となっている。不動産を含む資産額だから、こんなものだろう。そして、ここに国勢調査の世帯数を乗ずると、国民全体の資産額は、１７０７兆円ということになる。

一方、内閣府が発表している「国民経済計算」によると、家計が保有する資産は２７２７兆円だ。つまり、日本全体で家計が持っている資産と、国民が申告している資産の間には、１０００兆円もの差があることになる。

細かな統計上の差はあるものの、基本的な要因は、国民が資産額の過少申告をしているか、調査そのものを拒否しているということだろう。そして、その犯人と思われるのは、どちらも富裕層だ。日本の富裕層は、目立たないように息をひそめている。目立ってよいことは、何もないからだ。そして、こっそりと１０００兆円以上の資産を抱え込んでいるのではないだろうか。アメリカの経済誌「フォーブス」の２０１６年長者番付トップ10をみると、上位８人が保有する資産は、日本円で約50兆円だ。いかに１０００兆円が大きいか分かるだろう。国際決済銀行の統計によると、すでに日本が英米を抜いて世界最大のタックスヘイブン利用国になっている。日本に富裕層がたくさんいる何よりの証拠だろう。

そして、実は、日本はもう20年も前から、世界最悪レベルの格差大国になっている。そのことは、ＯＥＣＤ（経済協力開発機構）が２００６年７月に対日経済審査報告書のなかで、日本の格差拡大を示すデータとして示した相対的貧困率の国際比較のデータで明らかになった。日本の相対的貧困率は、２０００年時点で、フランスやオランダ、ノルウェーなどの欧州諸国の２倍以上で、アメリカと並んで、世界トップクラスの高さになっていることが示されたのだ（**図1**）。

このデータは、当時のメディアで、とても大きな話題となったが、最近はすっかり沈静化している。しかし、格差が落ち着いてきたのではない。格差は、その後も拡大を続けている。国民生活基礎調査で相対的貧困率の推移をみると、相対的貧困率は、２０００年との比較でむしろ拡大を続けているのだ（**図2**）。

なぜ日本がアメリカと並んで、世界でトップクラスの相対的貧困率を記録しているのか。それは、完全弱肉強食社会のアメリカとは少々事情が異なっている。日本では、同一労働同一賃金の原則がまったく守られておらず、正社員と非正社員の間に２倍以上の大きな賃金格差がある。そして、低賃金の非正社員の比率は高まり続けている。「労働力調査」に

図1　OECD諸国の相対的貧困率比較(2000年)

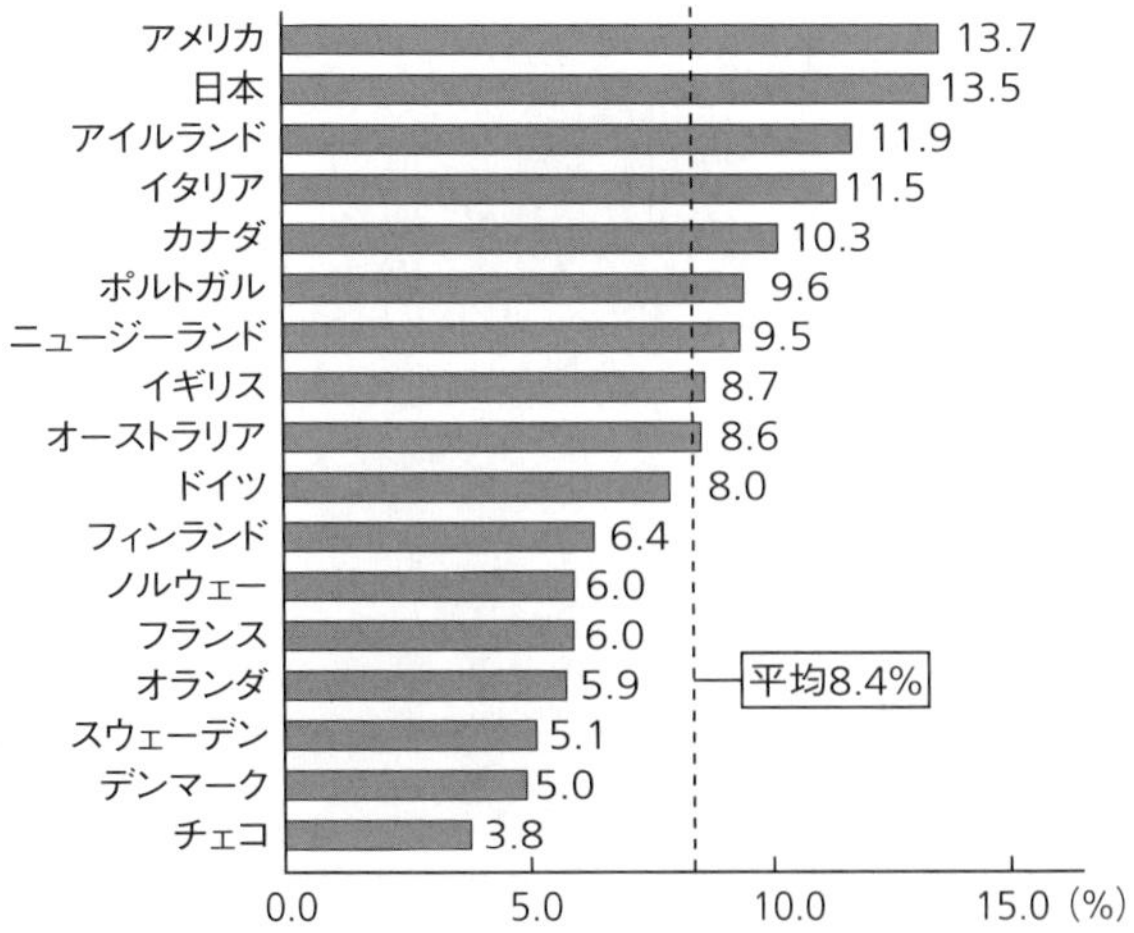

OECD対日経済審査報告書から作成。
ここでいう相対的貧困率は可処分所得が中位の半分に満たない生産年齢人口の割合

図2　日本の相対的貧困率の推移

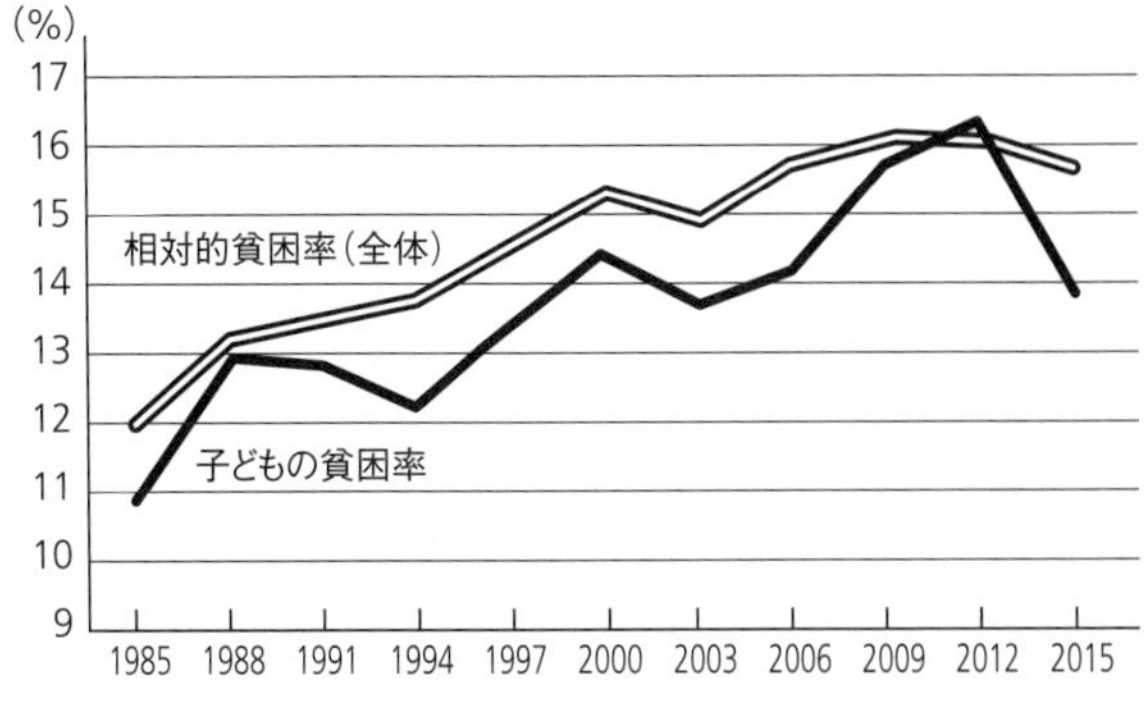

(出所)平成28年度版「国民生活基礎調査」

よると、1984年2月の非正社員の比率は15・3%に過ぎなかった。それが2019年1〜3月には、38・5%へと拡大しているのだ。

もちろん非正社員のなかには、自らの意思で非正社員の働き方を選んでいる人も多い。しかし、問題は、一度非正社員になってしまうと、正社員になることが非常に難しいということだ。

バブル崩壊後の就職氷河期に就職活動を行った若者の多くは、非正社員の道を選ばざるを得なかった。2019年に兵庫県宝塚市役所が、就職氷河期世代とされる30代半ばから40代半ばの人を対象にした正規職員の採用試験を実施した。募集した3人の枠に全国から応募が殺到し、倍率は600倍を超えた。この事実からも、いかに正社員への転換が難しいかが分かるだろう。

そして、その非正社員の人権は、まったく守られていない。2019年7月15日付の東京新聞は、非常勤講師として働く男性の悲哀を報じている。

きょうはこの学校、明日はあの学校…。岐阜大や私立大、短大、専門学校の計四校で非常勤講師を務める天池洋介さん（三九）の一週間は忙しい。給与は講義をいくつ受け持つかで決まる。対価は一コマ九十分当たり約一万円。本年度は、前期は週六コマ、後期は五コマを担当するが、困るのは講義のない春休みや夏休みだ。収入がなくなるため、年収は二百万円に届かない。

自宅での授業準備やリポートの添削、テスト作りなどへの手当はない。専任教員になるには、論文を発表するなど研究業績を残していくことが重要だが、本の購入や学会に出るための交通費は自腹。もちろん、健康保険や厚生年金などの社会保険はない。生活は苦しい。「一日一食でしのいだり、見かねた知人が送ってくれた米を食べたり」。白菜を丸ごと買って漬物を作っては、おかずにする。「コンビニ弁当なんて高くて手が出ない」と話す。

次年度の契約について大学側から打診があるのは、毎年秋ごろだ。「次も仕事をもらえるかどうか、その時期はいつも不安」。しっかり契約を交わすのは新学期の講義が始まる直前、四月に入ってからだ。

大学を卒業したのはバブル崩壊後の景気低迷期に当たる二〇〇二年。一度は企業に就職したが、勤務は一日十二時間、昼食を取れないほど忙しく、体調を崩して退職した。転職しようにも就職氷河期で、あるのは非正規の仕事ばかり。福祉政策や就労支援を学んで社会を変えたいと心機一転、〇八年に名古屋大大学院に入学。奨学金四百五十万円を借りて博士課程まで進んだ。

非常勤として働く今、岐阜大では労働組合に入れたが、私立大では「非常勤講師の加入は規約で認められない」として加入できなかった。「非常勤講師の立場は、すごく弱い」。結婚もしたいけれど「こんな不安定な立場では無理」と嘆く。

少子化に伴い、大学の専任教員の採用はどんどん減っているのに、奪い合う人の数は増えている。背景には、欧米並みの研究レベルを確保しようと、国が一九九〇年代、大学院重点化策を打ち出し、大学院生の数が急増したことがある。

文部科学省によると、大学院博士課程の修了者は重点化策以前の八九年度は五千五百七十六人。ところが、昨年度は一万五千六百五十八人と三倍近くに増加。それと比例して増えたのが、所属する大学を持たず、非常勤講師などを掛け持ちしながら働く人の数だ。八九年度は一万五千六百八十九人だったが、二〇一六年度は九万三千百四十五人と六倍に増えた。

日本では、働き方改革の一環として「パートタイム・有期雇用労働法」が作られ、大企業は2020年4月1日から施行され、中小企業は2021年4月1日から施行される。しかし、法律が目指しているのは、同一企業内における正規雇用労働者と非正規雇用労働者の間の「不合理な」待遇差の解消であり、合理的な格差は許容される。例えば、大学の非常勤講師には、教授会の出席や入学試験の監督など、大学行政にかかわる義務がない。しかし、それで正規の大学教員と比較して数倍という時給格差が存在することを容認してよいのだろうか。

これは、大学だけの話ではない。公立中学校の校長と話していたら、中学校の非常勤講師の時給は、実質1000円程度しかないという。首都圏の最低賃金と同じレベルの報酬しか支払われていないのだ。学生や生徒から見たら、教える側が正教員であろうと非常勤であろうと変わりはない。それなのに、とてつもない所得格差が存在していることは、非正社員の人権の否定に他ならないだろう。

グローバル資本による人権侵害

非正社員の人権抑圧は、グローバル資本によってさらに強化されている。これに関しては、ジャーナリストの横田増生《ますお》氏がアマゾンの倉庫にアルバイトとして潜入取材をして、実態を明らかにしている。詳しい内容は、横田氏が『潜入ルポ　amazon帝国』（小学館）としてまとめているので、ぜひそれを読んでほしいのだが、そのあらましは以下のとおりだ。

横田氏が潜入したのは、アマゾンで国内最大と言われる小田原の物流倉庫だ。ここでピッキングと呼ばれる仕分け作業をするのは、すべてアルバイトだ。一番下にワーカー、その上がトレーナー、さらにその上にリーダーがいて、一番上がスーパーバイザーとなっている。全員で400人いるピッキングのアルバイトのうち、トレーナーが20人、リーダーが10人、スーパーバイザーが5人というのが横田氏の見立てだ。ただ、全員がアルバイトで、職位が上になると時給が最大で200円程度上がるに過ぎない。

ワーカーは、PTG(パーセンテージ・トゥー・ゴール)という数字で管理される。ワーカーはハンディー端末を持たされ、その画面にはピッキングのたびに、「次のピッキングまであと何秒」という表示が出る。この制限時間内にピッキング作業が終わればPTGが加算され、制限時間よりも遅れれば減算される。このPTGの数字は、アルバイトの名前とともにランキング形式で貼り出される。成績が悪ければ、当然叱責される。

ワーカーに指示されるピッキングの制限時間は、商品までの距離をコンピューターが瞬時に計算することによって自動的に変わる。もちろんぎりぎりの時間だ。つまり秒単位で機械に見張られている形になるのだ。

横田氏はピッキングのアルバイトで歩いた距離を計測するため、万歩計付きの時計をしていた。ある1日の歩数は2万5306歩で、距離は20・24キロに及んだという。

このレポートから何を感じるだろうか。時給はわずか1000円。そのなかで、厳しい目標を課せられ、一日中歩き回らされる。これは、産業革命期のイギリスの工場で、生死の境まで働かされた労働者の働き方とほとんど同じだ。

そして何よりの問題は、働く人を人だと考えず、まるでロボットのような扱いをしているということだ。それは、アルバイトだけでなく、社員に対しても同じだ。2020年3月22日付の東京新聞が、アマゾンについて衝撃的な記事を一面トップで伝えた。

「あなたは成績が悪く、コーチングプランの対象とする」

昨年二月、ネット通販大手、アマゾンジャパンの営業職の四十代男性に、上司は告げた。社員の間で恐れられている事態だった。

同社で「コーチングプラン」と呼ぶのはPIP（業績改善プログラム）の一つ。期限を設定した課題を与え、達成度を評価する。社員をコーチし能力開発するためといいうが、達成困難なノルマを課して評価を下げ、退職に追いやる手段に使われることも多い。

男性に与えられたのは、二カ月間に出店業者二百社から「当日発送・送料無料」の契約を増やすことなどだ。

必死で目標数値を達成した。だが上司は「書面の数字を達成しただけでは目標に達したとは認めない」。

「では何をすればいいのでしょうか」と尋ねると上司は「それは自身で考えて」。こんな面談が続くうち男性は適応障害を発症、一カ月余り休職した。

働く人への思いやりとか仲間意識というのは一切ないのだ。その一方で、アマゾンのアメリカ本社で働く人たちは高給を食んでいる。アマゾンのジェフ・ベゾスCEOは、アメリカのニューヨークとバージニア州アーリントンに第二本社を建設するにあたって、2018年11月に「平均年収15万ドルで5万人採用」をする方針を明らかにしている。そして、ジェフ・ベゾスCEO自身の資産額は、2018年時点で17兆5000億円と、世界一の金持ちだ。それが現場の労働者に分配されることは絶対にないだろう。現場の労働者は単なる金儲けのための道具に過ぎないからだ。

「ギグエコノミー」で働く人の末路

アマゾンよりも、ある意味で、もっとすごいことをやっているのが、ウーバーイーツだ。ウーバーイーツのビジネスは「出前」だ。パソコンやスマホからウーバーイーツのアプリにアクセスすると、利用者はウーバーイーツと提携している飲食店のメニューを見ることができる。そこで、料理を選択するだけで、料理が自転車やバイクで配達されるという仕組みだ。支払いは、登録されたクレジットカードやスマホ決済アプリでも行える。

ウーバーイーツの最大の問題は、配達を行う配達員を個人事業主として契約していることだ。個人事業主なので、雇用者としての保護は、一切適用されない。雇用保険も労災保険も厚生年金も健康保険も適用外だ。出前の宿命として、風雨が強いときに注文が殺到する。そこでの配達には大きな危険が伴う。しかし、配達途中に事故を起こしたとしても、ウーバーは雇い主ではないから、一切責任を負わないのだ。

それだけではない。自営業主として働くということは、いつ仕事を切られても、報酬を切り下げられても、文句は言えないということだ。実際、事件は起きた。2019年11月20日にウーバーイーツは、配達員に東京エリアでの報酬の引き下げをメールで通知し、11月29日から一方的に実施した。距離1キロ当たりの報酬が150円から60円になり、配達員側の手取りが減るなどしたため、5キロの距離を配達した場合、約22%の減額になる。これに対して、配達員らで作る労働組合が12月5日に、東京都渋谷区の日本法人を訪れ、抗議を行うとともに、団体交渉に応じるよう要請した。しかし、ウーバーイーツ側は、「報酬体系の見直しをしただけ」として、団体交渉そのものを拒否している。

ウーバーのように、企業に雇用されることなく単発の仕事を請け負う働き方や、そうした働き方で形成される経済は「ギグエコノミー」と呼ばれており、今後の成長分野だと、もてはやされている。私も、そうした働き方が広がっていくだろうとは思っている。アマゾンも、現在は配達を宅配業者に委託して行っているが、その一部をウーバーイーツのような個人事業主契約のトラックに移そうとしているという報道もある。

ただ、こうした働き方の末路は悲惨だ。バブル期には、「サラリーマンでも学生でも専業主婦でもなく、組織に縛られずに自由に生きる新しいライフスタイル」として、フリーターがもてはやされた。しかし、彼らは、いま正社員になる道を閉ざされ、年金もほとんどない状態で、老後の不安に苛まれる貧困層になってしまっている。
日本の若者たちは、なぜこの理不尽な格差に対して、怒りの声を上げないのだろうか。
それともある臨界点を超えた時点で、一気に怒りを噴出させるのだろうか。
確かなことは、世界でも、日本でも、既得権を持たない人々から、所得と働きがいが、
どんどん奪われ続けているという事実だ。

第三章　原因は資本主義

資本主義は死んだ

なぜ人類が共に暮らす地球の環境が、破壊されそうになっているのか。なぜ、とてつもない格差が生まれるようになったのか。私は、原因の大部分は「資本主義」にあると考えている。それは、私だけの考えではない。２０２０年1月21日から24日まで開かれた世界経済フォーラム年次総会２０２０（ダボス会議）でも、環境にダメージを与え、経済格差を広げたとして、いまの資本主義のありようそのものが問われたのだ。

「フォーチュン」誌による「世界の最も偉大なリーダー25人」に選ばれたこともあるＩＴ企業経営者のマーク・ベニオフ氏は会議で、「私たちの知る資本主義は死んだ」「株主の利益を最大化しようと執着するあまり、経済格差と地球環境に深刻な状況をもたらした」と、いまの資本主義を批判したのだ。

まず、地球環境の面から考えてみよう。資本主義の進展によって、富裕層が生み出される。富裕層は、プライベートジェットで世界中を飛び回る。彼らの時給は高いから、とてつもないコストをかけても、わずかな時間の節約で十分に採算が取れるのだ。しかし、通常の定期便の飛行機を利用するのと、わざわざプライベートジェットを飛ばして移動するのと、どちらがより多くのエネルギーを消費し、温室効果ガスを出すのかは、深く考えなくても分かるだろう。富裕層は、完全空調のタワーマンションの最上階に住み、電車やバスは利用せずに、どこに行くのも自分の車だ。それも大型で燃料を大量に消費する車に乗っている。

もちろん、地球環境を破壊しているのは、富裕層だけではない。庶民も大量のゴミを捨て、莫大なエネルギーを消費するようになっている。

日本の都市部で、自治体による清掃事業が本格的に始まったのは、1960年代、高度成長期のことだった。それまでは民間企業がゴミ収集を行っていたが、それも大きな規模ではなかった。そもそも、ゴミがたくさん出ることがなかったからだ。私が子供のころは、八百屋さんは野菜を新聞紙にくるんでくれた。醬油は瓶を持って買いにいき、豆腐はボウルを抱えて買いにいった。いまのようにプラスチック製のレジ袋や食品トレイはそもそも使われていなかった。

環境省の統計では、長期データが取れないので、東京都の『清掃事業の歴史』をみると、1947年に約11万トンだったゴミの量が、1960年には100万トンを超え、1970年には300万トンに達した。それがピークを迎えたのはバブル経済のピークの1989年で、615万トンだった。その後、リサイクルや減量の取り組みが強まったため、ゴミの量は漸減傾向になっているが、それでも2017年のゴミの量は442万トンにとどまっている。高度経済成長が終了した1975年のゴミの量が478万トンだから、ようやくそのレベルに近づいたというのが現状だ。

環境保護が叫ばれるなかでも、なぜゴミの量を大きく減らすことができないのか。そこには利益を増やそうという企業の思いがある。例えば、昔の飲料は、瓶詰で売られていた。飲み干された瓶は回収され、洗浄して、再度販売されていた。しかし、そんな面倒なことをするより、ペットボトルで販売して、それを捨ててもらったほうが飲料メーカーは効率的でコストがかからない。また、大部分のペットボトルはフィルムで包装されている。私は、フィルムをはがすのが面倒なので、フィルムのないボトルで十分だと思うのだが、それでは商品が売れない。飲料メーカーが知恵を絞って、消費者に強くアピールするパッケージをデザインしているから消費者が手に取るのだ。

総菜や肉などがプラスチックトレイにパックされて販売されているのも同じ事情だ。販売店にとっては、いちいち量り売りをしていたら、人件費がかかってしまうし、消費者も見栄えがよく、すぐに買い物かごに入れられるプラスチックトレイが便利なのだ。

もっと極端なのが衣服だ。衣料品は、10年でも20年でも着続けることができる。実際、私が子供のころは、子供服の多くがお下がりで、ツギを当てて、同じ服を何人もの兄弟が受け継いで着ていた。しかし、そんなことをされていたらアパレル業界は成り立たない。だから流行というものを意図的に作り出す。流行遅れの服を着るのはみっともない。そうした考えから、大量の服が毎年捨てられていくのだ。そうしなければ、アパレルメーカーも、衣料品を中心とする商業施設も、利益を追求することができない。

こうしたことは、食品や衣服だけの話ではない。資本主義の下では、消費者が必要かどうかではなく、企業が売りたい商品を買わせていく。大量の広告宣伝をして、必要のない商品を売りまくる。それが企業の利益を拡大する一番よい方法だからだ。

そのことはデジタル時代を迎えても一向に変わらないどころか、むしろ強化されている。なぜ10年以上使えるスマホやパソコンを毎年のように買い替えなくてはいけないのか。そうしないと企業が儲からないからだ。そして、最近、ネット上では、「リコメンド機能」が充実してきている。消費者の過去の消費行動を人工知能が分析して、「こうした商品がお勧めですがどうですか」と消費意欲を掻き立ててくるのだ。

そうやって必要ないものまで買わせるから、資源が浪費されると同時に、廃棄物が増えてしまう。完全な環境破壊だ。

農業を破壊する資本主義

言うまでもなく、私たちは、様々な食べ物を食べて生きている。安くて、美味しいものを食べたいと思うのは当然だが、それ以前に一番大切なことは、「安全で安心」なものを食べたいということだ。ところが、アメリカを中心に、その安全・安心を脅かす事態が進行しているのだ。

アメリカのモンサントという農薬メーカーは、ベトナム戦争で使われた枯葉剤を製造したことで知られていた（モンサントは2018年にドイツのバイエルに買収され、現在モンサントという社名は消滅している）。そのモンサントは、この四半世紀、一つのビジネスモデルで急成長し、世界最大級のバイオ化学企業として君臨するようになった。そのビジネスモデルは、無差別に植物を枯らす強力な除草剤と遺伝子組み換え（GMO）種子のセット販売だ。

農業を行う上で最大の敵は雑草だ。だから農家は除草剤を用いる。いちいち手作業で雑草を抜くようなことをしていたら、商売にならないのだ。ところが、強力な除草剤を使うと、作物の生育も阻んでしまう。そこでモンサントは、ラウンドアップという強力な除草剤とセットで、ラウンドアップレディと名づけたラウンドアップに耐性を持つ作物の種子を売り出した。ラウンドアップへの耐性は、遺伝子組み換え操作で作り出したものだ。ラウンドアップレディのトウモロコシや大豆や綿花は、ラウンドアップで雑草を全滅させた畑のなかでも、すくすくと育つ。これにアメリカの農業資本が飛びついた。モンサントは、ラウンドアップレディの作物から種を取ることを禁止しているため、作付けのたびに種が売れる。そのため、とてつもない利益を出すようになったのだ。

しかし、問題はそれだけにとどまらない。モンサントのビジネスが、さらに大きな健康被害を引き起こす可能性を産経ニュースが報じている。

長年にわたるラウンドアップの過剰散布は、世界中でグリホサートに耐性をもつ雑草を生み出す結果を招いた。

そこでモンサントは、数年前から除草剤の主成分に従来のジカンバを採用した新たな戦略へ移行している。課題はジカンバの揮発性にある。ジカンバは散布された土壌や作物から蒸発しやすく、植物に有毒な雲を形成しながら予測不能な方向へ拡散することが報告されている。そこでモンサント、ＢＡＳＦ、デュポンの３社は、ジカンバの揮発性を抑えた新たな化学式を考案した。

これがすべての騒動の火種となった。

モンサントが打ち出した低揮発性の化学式は、特許製品であることを理由に、各大学の研究者による科学的な裏付けが一切なされていないのだ。つまり、揮発性による近隣農家への影響や安全性が、公平な観点から保証されないままに市場へ放たれたことになる。

さらに問題視されているのが、改良型ジカンバの販売承認を得る前に、モンサントがジカンバに耐性のある新たなGMO種子を売り出してしまったことだ。

これによりジカンバ耐性型GMO種子だけを手にした農家が、旧式のジカンバ除草剤を違法に散布してしまう状況は想像に難くない。実際、アーカンソー州では広範囲に拡散したジカンバにより、新型GMO種子へ移行していない農家が実害を被ったケースがいくつも報告されている。なかにはジカンバの被害が原因で、銃撃事件に発展した農家もあったという。

騒動はこれだけに留まらない。2017年の夏、ジカンバの新たな化学式が承認されたことで、ほとんどの農家がジカンバ耐性型GMO種子の大規模な作づけを開始した。ところが、揮発性を低下させたはずのジカンバ除草剤による農作物への被害は、依然としてなくならなかったのだ。アーカンソー州、ミズーリ州、テネシー州を中心に、大豆をはじめとした野菜だけでなく、果樹園への損害も報告されている。

この状況にもモンサントは何ら懸念を示していないようだ。ミズーリ大学で雑草を研究するケヴィン・ブラッドレー教授によると、全米でジカンバの拡散で被害を受けた農地は、推定で3100万エーカーに上るという。それにもかかわらず、研究者の追及を受けたモンサントの重役は、栽培農家が適切な使用方法を遵守しなかったことが主な原因であるとの主張を崩そうとしていない。

それどころか、実験によってジカンバの揮発性が農作物へ与える悪影響を立証してみせたブラッドレー教授に圧力をかけるほか、ジカンバの使用禁止を提案したアーカンソー州の監督官を告訴するなど、自社に不利益となるあらゆる人物を攻撃しているという報道もある。また、モンサントは、他社の非ジカンバ製品を推奨する研究者の訴えに耳を貸さないよう、各州の監督官に対して公式声明を出している。

ジカンバの問題を指摘する研究者の存在を快く思っていないのは、何もモンサントに限ったことではない。それまで良好な関係を結んできたミズーリ州の農業コミュニティ全体が、核心に迫ろうとするブラッドレー教授を糾弾しはじめたのだという。それほどに莫大な金銭と利権が絡んでいるということだろう。

「わたしの発言がミズーリの農業にとって悪影響だと言われるのは受け入れがたいです。名誉や金銭的な報酬のためではなく、地元の農家を手助けしたいと願っているだけなのに」（ブラッドレー教授）

米環境保護庁は先日、来年もジカンバの使用を認可すると発表した。除草剤の散布を許可された使用者や時期について、いくつか付け加えられた制約はあるものの、これまでに報告されたジカンバの揮発性による農作物の被害がなくなるとは到底考えにくい。また、ブラッドレー教授のような真実を追求する者たちは、今後こぞって口を閉ざすかもしれない。世界の農業を制した大帝国は、誰も逆らえない黄金の巨人を生み出してしまったのだろうか。（２０１７・11・8　産経ニュース）https://www.sankei.com/wired/news/171108/wir1711080001-n1.html

日本政府が国際農業資本に忖度

農地を、除草剤に耐性を持つ作物しか育たない「不毛の地」に変えるということは、それ自体が深刻な環境破壊だが、もっと心配なのは、それを食べる人間の健康だ。遺伝子組み換え作物がそもそも安全なのかについては、科学的な研究が十分に行われていない。それに加えて、強力な除草剤を吸い込んで育った作物そのものが安全なのかどうかは、きわめて疑わしい。普通に考えたら、雑草を全滅させてしまうような除草剤をたっぷり吸い込んで育った作物が安全であるはずがない。私たちの体は、除草剤に耐性を持つように遺伝子操作されていないからだ。

さらにアメリカでは、「ポストハーベスト」と言って、収穫後の穀物や果物に農薬を散布することがしばしば行われている。倉庫に貯蔵中や輸送中にカビが発生したり腐敗することを防止するためだ。これによる健康被害に関して議論があることは事実だが、食べる直前の作物に農薬をかけたら危ないというのは、普通の感覚で分かるはずだ。現に日本では、ポストハーベストは禁止されている。

なぜこのような健康への脅威が増大する事態が進んでいるのか。答えは一つだ。資本主義では、利益の拡大が至上命題だ。そこでは、労働者だけでなく、消費者も、利益を得るための道具に過ぎないからだ。

ラウンドアップというのは商品名で、主成分はグリホサートという。産経ニュースの記事のなかにもあったように、グリホサートを使い続けると、効力が落ちてくる。雑草を駆逐するためには、グリホサートの濃度を上げないといけなくなる。

それが日本人にとって対岸の火事ではないことを、国際ジャーナリストの堤未果《みか》氏は著書『日本が売られる』（幻冬舎新書）のなかでおよそ次のように警告している。

２０００年５月にアメリカ農務省が発表した報告書では、アメリカのグリホサートの使用量は過去５年間で、他の農薬の５倍も増えていた。グリホサートの使用量が増えたのだから、当然日本に輸入されるアメリカ産大豆に残留するグリホサートの量も増える。そこで、日本政府はグリホサートの残留基準を５倍に引き上げた。話はそれにとどまらない。その後、グリホサートの蓄積ががんを含む様々な健康被害の原因になるという報告が出されて、世界でグリホサートの使用禁止の動きが広がった。欧州でも２０１６年３月にグリホサートの使用をやめる方針が示された。農薬メーカーに大打撃となるところだったが、翌２０１７年６月に日本の農林水産省は、グリホサートの残留基準をトウモロコシ５倍、小麦６倍、甜菜《てんさい》75倍、蕎麦１５０倍、ひまわりの種４００倍とするダイナミックな引き上げ案を発表したのだ。

こうしてみると、日本政府が国際農業資本に忖度《そんたく》して、外国から輸入する食糧の安全基準を緩めていることがよく分かるのだが、実は堤氏は、農薬の大量使用は日本国内でも同時進行していることを同書で明らかにしている。

カメムシがコメの穂を吸う時に現れる「黒い点」がついたコメが、農家が出荷する時の検査に引っかかるのだ。安全性にも味にも影響はないが、見た目が悪い「斑点《はんてん》米《まい》」は、その混入率でコメの等級が下がり取引価格が安くなるため、農家はカメムシ駆除にネオニコチノイド農薬を何度も使う。だがその玄米が精米され店に並ぶ時には、等級表示はどこにも書いていないのだ。見た目で等級を上げるためだけに農家に余分な農薬代と手間をかけさせ、必要以上の農薬が使われたコメを消費者に食べさせるこの検査は、果たして本当に必要だろうか？（堤未果『日本が売られる』幻冬舎新書）

まさにその通りだが、重要なことは、我々消費者の選好が、環境破壊の一翼を担っているということだ。自分で育ててみるとよく分かるのだが、真っすぐなキュウリができる割合はそんなに多くない。ところが野菜売り場に並んでいるキュウリは真っすぐなものばかりだ。追肥を繰り返さないとキュウリは曲がるのだそうだが、そうした努力をしていても、曲がって捨てられているキュウリは多いはずだ。ナスも様々な形のものができるが、それらが店頭に並ぶことはない。ハクサイは、白い部分に黒い斑点がつくことがある。これは、栄養分を土中から吸収しすぎて、ポリフェノールが固まっただけなのだが、これも見た目が悪くて売れにくいという。

さらに、葉物野菜の場合は、無農薬で育てていると必ず虫がつく。虫が食った野菜は、店頭では売れない。本当は、野菜が安全でおいしいから虫が食べるのだが、消費者はそれを受け入れないのだ。

安全性も、味もまったく問題がないにもかかわらず、消費者が見た目の悪いものを排除してしまうから、膨大な無駄が生まれると同時に、農薬を余分に使うことになって、環境が破壊されていくのだ。

格差拡大は資本主義の宿命

格差拡大は、緊密に資本主義と結びついている。宿命と言ってもよいかもしれない。

2012年末に第二次安倍政権が発足して以来の6年間で、実質GDPは累積で8%も増えている。しかし、その一方で実質賃金は5%も低下した。経済のパイが大きくなっているのに、なぜ庶民の暮らしが悪化するのか。それは、一部の富裕層が、成長の成果を独占するどころか、庶民の懐にまで食い込んで、自分たちの所得を増やしているからだ。

実際、フランスのコンサルティング会社のキャップジェミニが発表した2018年版の「ワールド・ウェルス・レポート」によると、投資可能資産を100万ドル（約1億1000万円）以上持つ富裕層は、日本に316万人もいる。投資可能資産というのは、投資に振り向けられるお金で、自宅とか車といった資産は含まれない。彼らの平均投資可能資産は2億5000万円にも及んでいるのだ。もちろん、それは平均の話で、何十億円、何百億円という資産を持つ富裕層も少なくない。

私は、仕事柄、そうした富裕層とも交流がある。その経験から言うと、私はお金というのは10億円くらいのところにラインがあるのだと思う。それ以下の資産しかない一般人にとって、お金は何かを買うための道具に過ぎない。しかし、ラインを超えて資産を持つ超富裕層は、お金を増やすことでしか、幸福を感じられなくなってしまうのだ。だから、富裕層にお金を増やそうという情動が消えることはないのだ。

これは、私の個人的感想ということではない。フランスのトマ・ピケティという経済学者が2013年に『21世紀の資本』という本を書いて、世界的なベストセラーとなった。ピケティは、世界20か国以上の税務統計データを200年にわたって観察し、重大な経済法則を発見した。r>gという法則だ。rは資本の収益率で、gは経済成長率だ。

図3　世界的な資本収益率と経済成長率の比較 古代から2100年

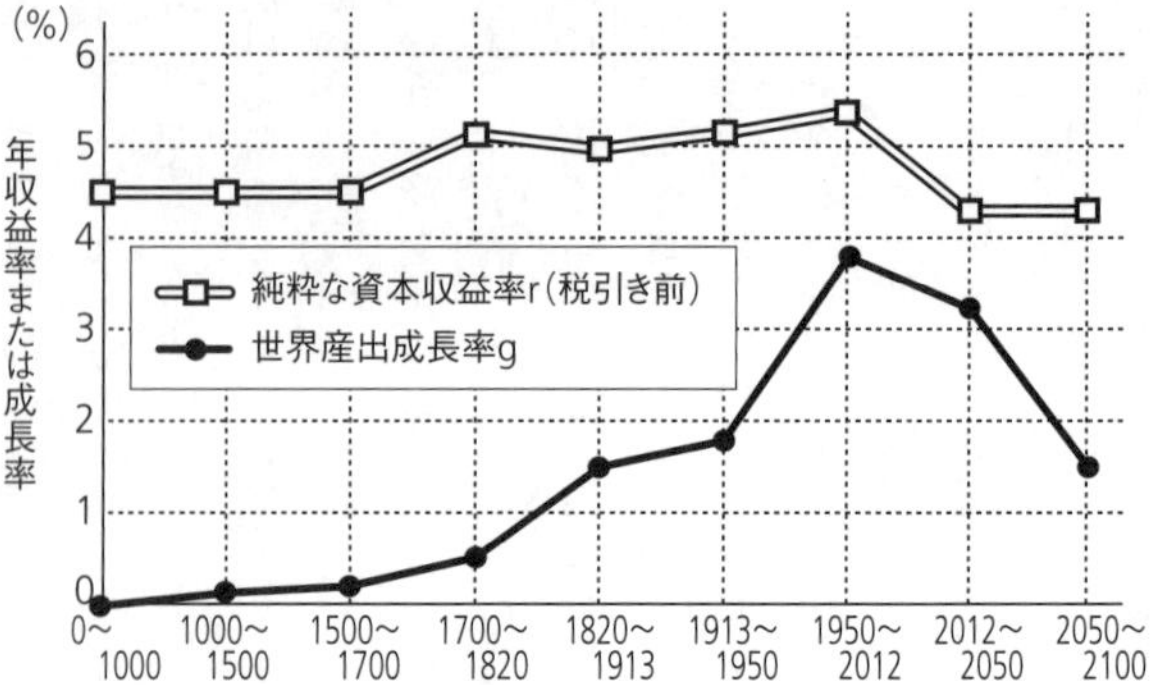

税引き前の資本収益率は世界経済成長率よりも常に高いが、
その差は20世紀に縮小し、21世紀には再び拡大している。
(出所と時系列データ)http://piketty.pse.ens.fr/capital21c

超富裕層で働いている人はほとんどいない。彼らは、カネにカネを稼がせる。だから、資本の収益率というのは、金持ちが自分のカネを増やすスピードだ。

ピケティの観察によると、この資本の収益率は、いつの時代も5%程度で安定している。一方のgが表す経済成長率は、景気によって大きく上下する。5%近い成長をすることもあるが、ほとんどゼロ成長の年もある。そのなかで、資本の収益率は5%で安定しているということは、超富裕層は、景気がよかろうと悪かろうと、自分の資産だけは、きちんと5%ずつ増やし続けてきたということなのだ(**図3**)。

しかし、高度成長期ならいざ知らず、近年

の低成長のなかで、普通にビジネスを展開していたら、5%もの利回りを得ることは困難だ。困難の度合いは、グローバル競争が進めば進むほど高まる。経済学の教科書に書いてある通り、完全競争の下では、価格の引き下げ競争が起きて、最終的に利益はゼロになってしまうからだ。

そうした状況のなかでも、富裕層は5%の収益率を維持しようとする。それを達成する手段は二つある。一つは、労働者への分配を減らして、自らの取り分を増やすことだ。労働分配率の低下は2000年以降、アメリカでも日本でも共通して観察される事実だ。

そして、もう一つ資本の収益率を高める方法がある。それが、資産価格を経済実体以上に吊り上げる、すなわちバブルを起こすことだ。このバブルも、アメリカでも、日本でも明確に観察される現象なのだ。

東京という怪物を生み出した資本主義

少し視点を変えて、国土政策の観点から、資本主義を考えてみよう。私は、日本の国土政策の最大の失敗は、東京という「怪物」を生み出してしまったことだと思う。1945年に349万人だった東京都の人口は、戦後ほぼ一貫して増え続け、2019年8月現在、

1394万人に達している。特に日本全体の人口の伸びが低くなり、人口減少社会にまで突入したこの四半世紀は、東京都の人口だけが突出して伸びている。実際、1995年から2019年までの人口の伸びが全国は0・5％であるのに対して、東京都は18・4％にも達しているのだ。

なぜ東京の人口の「独り勝ち」が生じているのか。そのほうが、経済面で効率的だからだ。資本が効率的に利益を稼ぐためには、大量の低賃金労働力が必要になる。郊外から時間をかけて通勤されたら、体力の限界まで働かせることはできないし、何より通勤交通費が大きくかかってしまう。だから、資本は、労働力を近くに住まわせたいのだ。世界を見渡しても、低賃金労働者が住んでいるスラムは都心近くにできていて、郊外にスラムが発生することはないのだ。

ただ、東京への人口集中によって、東京都心の地価や家賃は高騰してしまった。2019年の銀座5丁目鳩居堂《きゅうきょ》前の路線価は、坪当たり1億5048万円になっている。バブル期のピークだった1992年より25％も高くなっている。

こうした地価高騰は、当然家賃にも反映される。2019年に四ツ谷駅の近くで募集された3畳1間の新築アパートの家賃は7万8000円だった。低所得層が支払えるギリギりの金額だ。ただ、それだけ部屋が狭いと、家具を置いたら生活できなくなってしまう。住人はどうするのかと言えば、徹底的に断捨離をして、狭い部屋を少しでも広く使おうとする。そして、コンビニを冷蔵庫代わりに使って、部屋にいるときは、ひたすらスマホをいじっている。それだけが唯一の楽しみだからだ。

彼らは、果たして幸せなのだろうか。言葉は悪いが、私には彼らがブロイラーにみえて仕方がない。資本家に利用されるだけ利用されて、狭い籠のなかで、本来なら享受できるはずの様々な人生の楽しみを放棄して、生きることに汲々《きゅうきゅう》としているからだ。

もちろん、東京には超富裕層の大部分が住んでいる。しかし、その何十倍ものブロイラーが彼らの生活を支えるために住んでいる。東京の人口爆発の主役は、実は彼らなのだ。

第四章　ハードランディングは避けられない

バブルは必ず崩壊する

いま世界に広がる環境や人権の崩壊が、SDGsのような人類の理性によって防ぐことができれば、理想的だと私も思う。しかし、資本が暴走を続けるなかで、理性が資本をコントロールできるのかと言えば、それは難しいのではないかと思う。世界は200年間にわたって資本の暴走を止めることがなかったからだ。

環境や人権への侵害が止まるのは、資本主義が自滅するときではないか。そして、最大の自滅のきっかけは、バブルの崩壊になるだろう。

「バブルがいつ弾けるのか、それを予測することは誰にもできない。ただ、バブルは必ず崩壊する」。そう言ったのは、生涯をバブル研究に捧げた経済学者のガルブレイスだ。

バブルは、資本主義が抱える最大の欠陥だ。バブルが続いている間はよいのだが、バブルが崩壊すると、投機の当事者だけでなく、一般市民を巻き込んだ恐慌に発展する。

チャールズ・キンドルバーガーという経済学者によると、人類はこれまで大きなバブルを70回以上起こしているという。最初のバブルは、1630年代のオランダで起きた。チューリップの栽培がブームになり、品種改良によって作り出された新品種の球根には、猛烈な高値がついた。最盛期にはチューリップの球根一個が、郊外の一戸建て住宅と同じ価格にまで上昇したものもあったという。

その後、1840年代のイギリスで起きた鉄道バブル、1920年代のアメリカで起きた自動車バブル、1980年代後半の日本で起きた不動産バブル、1990年代後半の世界を巻き込んだITバブル、そして2008年9月のリーマン・ショックまで続いたサブプライム・ローンを証券化した金融商品（CDO）のバブルなど、これまで多くの巨大なバブルが繰り返されてきた。

そうしたバブルには、必ず投機の対象となる目新しい商品が登場するが、その商品は、ほぼ例外なく、技術的には新しい商品とは言えないものばかりだ。例えば、ガソリンエンジンの自動車が最初に作られたのは1886年だが、アメリカの自動車バブルは、それから40年も後に起きている。日本の通商産業政策に「知識集約化」が盛り込まれ、IT産業振興が国の政策として掲げられたのは1971年だが、ITバブルが発生したのはその25年後だった。金融工学の開祖、マイロン・ショールズがブラック－ショールズ方程式を発表したのは1973年で、リーマン・ショック前の証券化商品バブルの35年も前だった。

なぜそんなことが起こるのか。答えはとても簡単だ。庶民はふつう論文など読まないし、読んだとしても、最先端の研究のことなどまったく理解できない。庶民が新しい技術を理解し始めるのは、その技術がきちんと確立されて、現実社会のなかで使われ始めてからなのだ。それでも初めのうちは、庶民が新しい技術を正確に理解することはないから、あらぬ幻想を抱いて、過大な投資をしてしまうのだ。

アメリカの自動車バブルのときには、「自動車さえ持っていれば、ビジネスがうまく行く」という幻想が生まれた。それどころか、繁栄する自動車会社にあやかろうと、自動車産業と関係のない業種の会社が、次々に○○モーターズという名前に社名変更までしたのだ。

技術者というのは、どうしてもその時代の一番新しいものに取り組んでしまう。もちろんそれは正しい技術者のあり方なのだが、だからこそ庶民に理解されることがない。そのため、技術者が莫大な資金を集めることは、非常に困難なのだ。それが、技術者が金持ちになれない最大の理由だと私は思う。

だから、もし技術者がお金持ちになりたいと思ったら、自分たちの間ではもう常識になってしまっているが、まだ世間ではあまり知られていないことを見つけ出してきて、その技術がいかに大きな成果をもたらすのかを、ちょっと大げさに世間に言うことだ。

ただ、私はそういうことをする人よりも、愚直に新しい技術を開発しようと日夜努力す

図4　CAPEレシオ

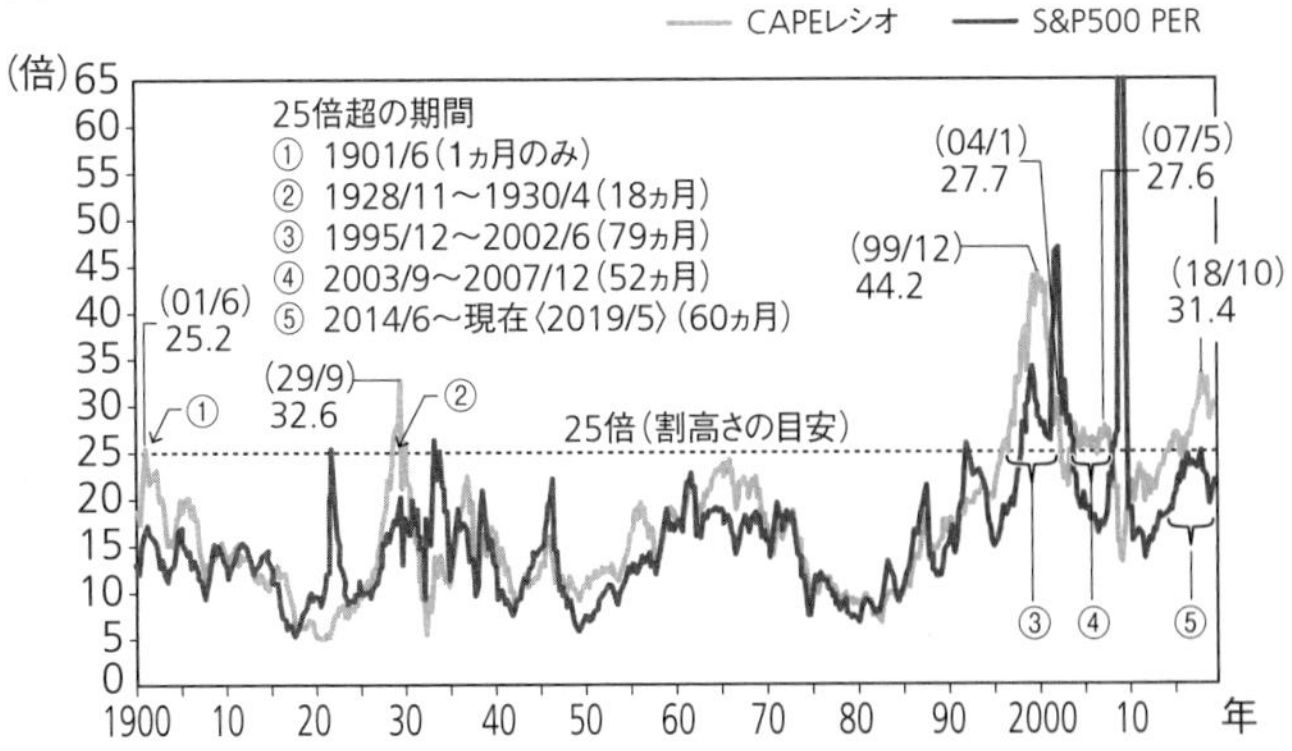

（原資料）イェール大学、S&P
（資料）吉川洋、山口廣秀「金融リスクと日本経済」2019.8.30日興リサーチセンター

る貧しい技術者のほうがずっと好きだ。

リーマン・ショック後の不況よりも悪い

さて、２０２０年初頭までの世界経済は、明らかなバブルを起こしていた。証拠はある。元日本銀行副総裁で日興リサーチセンター理事長の山口廣秀氏と同センター研究顧問の吉川洋氏が２０１９年８月に「金融リスクと日本経済」という論文を発表した。そのなかでＣＡＰＥレシオという株価の割高指標を用いて、アメリカ株のバブル分析をしている（**図4**）。ＣＡＰＥレシオというのは、ノーベル経済学賞を受賞したロバート・シラー教授が開発した指標で、株価収益率（ＰＥＲ）の一種だ。そのため、ＣＡＰＥレシオは、シラー

ＰＥＲとも呼ばれている。ＰＥＲ自体も株価の割高分析に使われるが、バブル期には分母の企業の純利益も水膨れしてしまうため、利益を物価で割り引いて実質化し、移動平均をとることで、より明確に株価の割高度合いが表れるように改良したのがＣＡＰＥレシオだ。山口氏は、この指標が25倍を超える期間がある程度継続するとバブルが崩壊するという法則を見出した。過去をみると、ＩＴバブルのときが79か月、リーマン・ショック前が52か月でバブルは崩壊した。そして今回のバブルは、２０２０年２月時点で、すでに69か月が経過していた。そこでバブルは弾けたのだ。

ちなみに、２０１９年８月、アメリカでは長期金利と短期金利が逆転する「逆イールド」が発生した。これまでの経験では逆イールドの発生から11か月から24か月後に景気後退が始まっている。その事実からみても、アメリカ経済は、２０２０年中に景気後退期に突入する運命にあったのだ。

バブルが起きていたという証拠はまだある。２０１９年から２０２０年初頭にかけて、世界の株価は、とてつもない高値をつけた。世界の株式市場の値動きを示すＭＳＣＩ全世界株価指数は、２０１９年11月に過去最高値にほぼ並んだ。しかし、この株高は、明らかにおかしな現象だ。２０１９年の世界経済の成長率見通しは、ＩＭＦ（国際通貨基金）が

3・0%、OECD（経済協力開発機構）が2・9%、世界銀行が2・6%となっていた。世界経済は、2008年のリーマン・ショック以降、5年間にわたる低迷を経験したが、そのときの平均成長率は3・3%だった。つまり、世界経済はリーマン・ショック後の不況よりも悪かったのだ。

そうした事情はアメリカも同じだ。ニューヨークダウは、2020年2月12日に2万9551ドルと史上最高値を更新した。だが、アメリカの景気は決してよいとは言えなかった。例えば、2018年までアメリカの長期国債の利回りは3%程度だった。それが2月12日には1・6%と、ほぼ半減していた。景気がよくないから長期金利が下がったのだ。

日本の場合は、もっとひどい。日経平均株価が2020年1月17日に、バブル崩壊後では最高値となる2万4116円をつけた。本来なら、株価は半年先の景気を織り込むはずだ。ところが、日本の景気は明らかに後退期に突入していた。

2019年9月こそ消費増税前の駆け込み需要で前年比プラスとなったが、商業販売額は、2019年8月まで9か月連続の前年割れが続いた。その後も、2019年10月から前年割れは継続したのだ。

輸出は2018年12月以降、12か月連続で前年比マイナスが続いていた。鉱工業生産指数も、四半期ごとにみると、2019年は、第1四半期から第4四半期まで、すべてが前年同期比マイナスだった。

景気動向指数の基調判断は、2019年8月分で、景気後退の可能性が高いことを示す「悪化」に下方修正されたが、そのあとずっと「悪化」が続いた。景気動向指数というのは、景気の判断をするために、①生産 ②在庫 ③投資 ④雇用 ⑤消費 ⑥企業経営 ⑦金融 ⑧物価 ⑨サービス の状況を表す29の統計データを組み合わせて算出する景気の総合指標だ。その景気動向指数の基調判断が5か月連続で「悪化」となるのは、2008年のリーマン・ショックのとき以来だった。しかも、景気動向指数の一致指数は、7年ぶりの低水準にまで落ち込んでいた。

極めつきはGDPだ。2019年10~12月期のGDPは、消費増税の影響で、年率換算で7・1%も落ち込んだのだ。こんな経済の状況で、株価がバブル崩壊後の最高値を更新するなどということがあり得るはずがなかったのだ。

新型コロナウイルスがバブル崩壊の引き金を引いた

私は、2019年後半から、近いうちにバブルが崩壊するだろうと考え、そう言い続けていたのだが、まさかそのきっかけを新型コロナウイルスの感染拡大が作るということは、まったく予想していなかった。

新型コロナウイルスが初めて世界に知られたのは2019年12月30日のことだった。中国の武漢市で原因不明の肺炎患者が12月8日に発生したことを受けて、中国当局が「原因不明の肺炎治療に関する緊急通知」という公文書を発表し、それがネットで拡散されたのだ。感染源とされた華南海鮮市場は2020年1月1日に閉鎖されたが、武漢市は封鎖されなかった。武漢市当局が空港や鉄道を封鎖すると発表したのは、1月23日のことだった。

感染はすぐに世界に広がっていった。2020年1月中旬には、タイ、日本、韓国で最初の感染者が確認された。その後、感染の中心は欧州に移っていく。2月末にはイタリアで感染者数が1000人を超えるなど、南ヨーロッパを中心に感染者が急拡大した。しかし感染拡大はそれでは収まらず、その後、アメリカを含む世界各地で新型コロナウイルスの流行が始まった。そして3月11日にはWHO（世界保健機関）がパンデミック（世界的大流行）になっているとの見解を示した。これを受けてトランプ大統領は、イギリスを除く欧州からの入国を30日間禁止する方針を発表し、13日には国家非常事態宣言を行った。

株式市場も激しく反応した。最高値更新からおよそ1か月で、日米とも株価が約3割も下落したのだ。多くの報道は、感染拡大に伴う経済活動の低迷が株価を下落させているとした。それは必ずしも間違いではないが、新型コロナウイルスは、株価下落のきっかけを作っただけで、株価下落の本質は、これまで述べてきたようにバブルの崩壊だ。

バブルの崩壊が厄介なのは、単に割高になっていた分が解消するところで止まらずに、オーバーシュートして、パニック的な下げが続いていくということだ。大雑把に計算すると、ニューヨークダウが割高を解消する株価の水準は2万3000ドル程度なのだが、すでに大幅なオーバーシュートが起きている。

なぜそうしたことが起きるのか。金融取引をしている人のなかには、手持ちの資金以上に投資をしている人がたくさんいる。つまり借金をして投資をしているのだ。株価が下落しても借金は値下がりしないから、借金を返すためには、利益の出ている他の株を売らないといけない。他の株で埋められない場合は、債券を売り、原油や穀物などの商品（もちろん現物ではなく金融商品）を売る。最後は不動産を処分せざるを得なくなる。まだ、不動産が下落する事態には至っていないが、おそらく2021年になると、都心の商業地を中心に投げ売りが出て、これまでバブルを積み上げてきた不動産価格も下落していくだろう。

そうして、バブル崩壊後の不況が訪れる。しかも今回の不況が深刻なのは、中国が世界経済をけん引して回復させるというリーマン・ショック後に起きたシナリオが成り立たないということだ。中国経済に詳しい津上俊哉氏（日本国際問題研究所客員研究員）によると、リーマン・ショックの後、中国は10年間で500兆元（8000兆円）にのぼる莫大な固定資産投資を行って経済を急成長させた。そのことで、まさに世界経済の救世主となったのだ。しかし、中国の固定資産投資があまりに大きかったため、その資産の一部は、いまや廃墟と化している。中国には従業員が誰もいない、がらんどうの工場とか、誰も住まない高層マンションがたくさん生まれているのだ。それらは、完全な不良債権と化している。中国政府は、6％の経済成長が続いていると発表したが、それを信じる経済の専門家はほとんどいない。中国経済はすでにマイナス成長に陥っているという説もあるくらいだ。

中国以外に世界経済を救うような莫大な投資をしてくれる国は存在しない。だから新型コロナウイルスの感染が収束しても、景気低迷は長期化するだろう。

さらに、アメリカが本格的な景気後退に突入したら、日本はリーマン・ショックのとき以上の被害を受ける可能性もある。大手銀行、農林中央金庫などが、CLO（ローン担保証券）を大量に買い込んでいるからだ。CLOというのは、アメリカの金融機関が、信用度の低い企業に貸し付けた融資を証券化したものだ。つまり、アメリカの景気が失速して返済が滞ったら、紙クズになる性格を持っている。リーマン・ショックが発生した一番大きな原因は、低所得層への住宅ローンを証券化したCDOの価格が暴落したことだった。

長引く不況のなかで融資先を失った日本の銀行がリスクの高い金融商品に手を出して、莫大な損失を抱える。リーマン・ショックのときに起きたことが、再び繰り返される可能性は高いのだ。

アメリカのバブルが完全に崩壊したら、日本を含めた世界経済は沈没する。そして、それは株高を自らの業績として強くアピールしてきたトランプ大統領にとって厳しい事態だ。2020年11月の大統領選挙で民主党のバイデン元副大統領に負けてしまう可能性も出てきた。もちろん、トランプ大統領はあらゆる手段を講じて、株価下落を防ぎに出る。実際、新型コロナ対策として大きな景気対策を打ち出し、アメリカのFRB（連邦準備制度理事会）に働きかけてゼロ金利政策を復活させた。ただ、大胆な財政金融政策を取っても株価の下落を止めることは難しい。バブルは一度崩壊が始まると、誰にも止められないからだ。

大和総研の推計では、新型コロナウイルスの流行が1年続くと、日本経済の成長率が0・9％押し下げられ、日本経済がマイナス成長に陥る可能性もあるという。それだけでも大変な事態なのだが、今回の新型コロナウイルス感染騒動のなかで明らかになったより本質的な問題は、30年間にわたって勢力を増し続けてきた「グローバル資本主義」が限界を露呈したことだろう。

再びバブルに突入した株式市場

株価はすでに元に戻っているではないかと批判される方が多いかもしれない。実際、株式市場ではコロナ不況の下での株高という異常事態が生じている。例えば、2020年5月8日に4月分のアメリカの雇用統計が公表された。景気動向を反映するとされる非農業部門雇用者数は、前月比2050万人も減って、世界恐慌以降で最大の落ち込みとなった。さらに失業率も3月の4・4%から4月は14・7%となった。これまで戦後最悪だった1982年11月の10・8%を大きく上回って、戦後最悪を更新したのだ。リーマン・ショック後の2009年10月でも、失業率は10・0%だったから、今回のコロナショックは、リーマン・ショックよりもはるかに大きな衝撃を経済に与えたと言えるだろう。トランプ大統領は、新型コロナ対策で、3兆ドル（約320兆円）もの財政出動を実施したが、焼け石に水だったのだ。

ところが、雇用統計が公表された日のニューヨークダウは、前日比455ドルも上昇して、2万4331ドルになった。その後も、株高は継続している。

リーマン・ショックの際は、ニューヨークダウが2008年9月の1万1790ドルから、半年後の2009年3月に6470ドルまで、45%も下げた。だから私は、コロナショックで半額ぐらいには株価が下げるだろうと予測していた。ところが今回は2月の2万9569ドルの最高値から、翌月には1万8218ドルへと38%下げた後、6月8日には2万7572ドルと、最高値の93%まで値を戻している。正直言って、私はこの戻しをまったく予測していなかった。

実は、株価の揺り戻しは日本も同じだ。1月の2万4116円の高値から3月には1万6358円へと32%下落したが、6月8日には2万3178円と、最高値の96%まで値を戻しているのだ。

この株価は、明らかに異常だ。世界銀行が2020年6月に発表した世界経済見通しでは、アメリカも日本も、2020年の経済成長率はマイナス6・1%となっている。戦後最大のマイナス成長のなかで、株価が最高値に近づくなどということは、あり得ない。

株高の理由の一つは、中央銀行による猛烈な買い支えだ。日銀は、株式のETF（上場投資信託）を大量購入しているし、アメリカのFRBも、株式の購入こそしていないが、ジャンクボンドを含む社債を購入して、市場に巨額の資金を供給している。つまり、中央銀行自らがバブル生成に加担しているのだ。

もう一つの株高の要因は、個人投資家が猛烈に株を買っていることだ。もちろん株式投資は安いときに買って、高いときに売るのが原則だ。ただ、厳密に言うと、割安のときに買って、割高のときに売るべきなのだ。私は、「カネにカネを稼がせる」というマネーゲームにどっぷりつかった投資家が、底値をつけたところで一斉に買いに来たのだと考えている。

ただ、株価は実体経済を無視し続けることは、できない。私は、近いうちにバブル崩壊の第二波がくると考えている。そして、その第二波は、第一波より大きなものになるだろう。

グローバル資本主義がもたらした災禍

新型コロナウイルス感染による死亡者は、2020年6月29日現在、世界で50万人を超え、感染者数も1000万人を超える世界的大流行となった。深刻な事態だが、一歩引いて考えると、これは、行き過ぎたグローバル資本主義への警告なのではないだろうか。この30年間、世界を席巻したグローバル資本主義の基本原理は、「大規模・集中化」だった。いまその仕掛けが音を立てて崩れているのだ。

まず、人の往来だ。新型コロナウイルスの感染拡大によって、すでに世界の9割の国が出入国に制限をかけている。日本政府も、2020年4月に米中韓の全土、欧州のほぼ全域に対する渡航中止を勧告すると同時に、これらの地域からの外国人の入国を拒否する方針を固めた。新型コロナウイルスが世界に急激に拡大したのは、国際間の往来が増えたからだ。30年前の中国であれば、こんな急速な感染拡大は起きず、新型コロナウイルスは武漢の風土病で収まっていた可能性もあるのだ。

第二は、サプライチェーンの問題だ。グローバル資本主義の基本は、世界で最もコストの安いところから部材を調達することだ。それによって生産性を上げるのだ。ところが、新型コロナの発生で、そこに破綻が生じた。自動車メーカーは、中国工場の部品が調達できないため国内工場の停止を余儀なくされたが、その後、電動自転車メーカーなど、様々な製造業に操業停止が広がっていった。また、製造業にとどまらず、一部の工務店でも、中国製のトイレやシステムキッチンが入手できずに、顧客に住宅を引き渡せない事態に陥った。国民を悩ませ続けていたマスク不足の問題も、国内需要の4分の3を海外生産に依存していたから起きた事態だ。

第三は、グローバル主義で販路を海外に求めたことだ。それは、海外需要の減少で輸出依存型の企業が苦境に陥っていることだけにとどまらない。インバウンド需要に依存したサービス業も、2020年の春節のときに大量の中国人観光客を受け入れたことが、日本での感染拡大に結びついたことを忘れてはならない。もちろん、インバウンド需要に過度に依存したサービス業は、いま軒並み苦境に陥っている。

第四は、グローバル資本主義につきものの大都市集中だ。日本では、東京圏への転入超過が24年も連続している。大阪圏や名古屋圏でさえ、7年連続の転出超過だ。一極集中は、世界中で起きている。グローバル資本主義では、実際にモノやサービスを生産する現場よりも、司令塔となる本社や資本家に富が集中する仕組みになっているからだ。だが、ウイルスは、その大都市を直撃した。アメリカでは、感染者の約4割がニューヨーク州に集中し、日本でも、最も感染者数が多いのは東京だ。人口が密集し、満員の電車で通勤するのだから、感染が広がって当然なのだ。

しかも、新型コロナウイルスの感染拡大は、それまで考えられなかった変化をすでにもたらしている。2020年4月7日に、政府の緊急事態宣言を受けて「7都府県の方々には他地域への往来を控えてほしい」との談話を多くの県知事が出した。秋田県の佐竹敬久《のりひさ》知事も「首都圏から来県する人が増えて感染が広がった。避難や帰省で地方に来ないよう注意してほしい」と話した。こうした知事の発言は、東北地方にとどまらず、全国に広がっている。例えば、沖縄県の玉城《たまき》デニー知事は4月8日に、宣言の対象地域の7都府県を含めた県外すべてからの沖縄への渡航を自粛するよう呼びかけた。観光は沖縄県の基幹産業だが、その沖縄県でさえ、他県からの来訪を自粛するように求めたのだ。

『翔んで埼玉』という映画がある。埼玉県民が東京都民から迫害されていて、東京に行くには通行手形が必要だった。通行手形を持っていないことが分かると強制送還される。そこで描かれた埼玉県民の立場に、大都市住民が置かれるようになったのだ。

実は、コロナ騒動が起きる前から、地方移住を考える人は急増していた。例えば、地方移住を支援する「ふるさと回帰支援センター」の電話等の問い合わせを含めた相談件数は、2008年に2475件だったが、2014年に1万2430件と1万件を超えた。そして、その後急増を続け、2019年には4万9401件に達している。実際に移住した人の数は、まだそれほど増えていないが、移住の機運が高まっていることは、間違いない。

新型コロナの影響で、急速に広がったテレワークが定着するようになれば、「大都市を捨てる」という選択肢が現実味を帯びてくるだろう。

新型コロナウイルスがいったん収束しても、今後、インフルエンザのように毎年襲ってくる可能性がある。突然変異で新型の感染症が流行る可能性も高い。それでは、どうしたらよいのか。私は、これからの経済や社会は、行き過ぎたグローバル資本主義と真逆の方向に舵を切ることだと考えている。コンセプトは、「小規模分散化」だが、これについては後に詳しく述べることにする。

目前に迫った首都直下型地震

消費増税に伴う消費失速、新型コロナウイルスの感染拡大、東京オリンピックの延期、そして金融バブルの崩壊という四重苦に陥った２０２０年の日本経済だが、実はもう一つの災禍が待ち受けている。それは、首都直下型地震だ。

首都直下型地震については、政府の有識者会議が、今後30年以内に70％の確率で起きるという評価を公表している。しかし、そのことを真剣に受け止めている人は少ない。人間というのは都合のよい生き物で、自分だけは何とかなると楽観的に考えてしまうのだ。しかし、30年以内に70％の確率で発生するというのは、毎年２・３％の確率で発生するとい

図5　現代の地震は平安時代と対応している

平安時代		震源	現代	
三宅島噴火	850年		2000年	有珠山噴火、三宅島噴火
越中・越後地震	863年	新潟県中越地方	2004年	新潟県中越地震
富士山噴火	864年		2009年	浅間山噴火
阿蘇山噴火	867年		2011年	新燃岳噴火
貞観地震	869年	宮城県沖	2011年	東日本大震災（M9.0）
開聞岳噴火	874年		2013年	西之島噴火
			2014年	御嶽山噴火、阿蘇山噴火
相模・武蔵地震	878年	関東地方南部	2020年?	首都直下地震（M7.3）
新島噴火	886年			
仁和地震	887年	南海トラフ	2030年代	南海トラフ巨大地震（M9.1）

（出所）FRIDAY DIGITAL「京大教授が警告! 20年に首都直下地震の衝撃データ」2019.7.7

うことだ。東京で元日に雨が降る確率が3・3％だから、それに近い確率なのだ。

また、「30年以内に70％」という政府発表を理解していても、首都直下型地震が1年以内に発生すると言ったら、ほとんどの人が反発するに違いない。しかし、首都直下型地震が目前に迫っていると主張する学者がいる。京都大学大学院人間・環境学研究科の鎌田浩《ひろ》毅《き》教授だ。鎌田教授は、現代の日本は、平安時代に起きた「大地変動」と同じ状況に突入しているという。地震や噴火の発生場所の順序が酷似しているというのだ（**図5**）。

地震について言うと、平安時代の863年に越中・越後地震が発生し、その6年後の869年に宮城県沖を震源とする貞観地震が発生した。その9年後の878年に発生したのが関東地方南部を震源とする相模・武蔵地震だ。

現代では、2004年に新潟県中越地震が発生し、その7年後の2011年に平安時代と同じ宮城県沖を震源とする東日本大震災が発生した。偶然の一致だと思われるだろうか。私は、そうは思わない。大地震は、地中で絶えず動いているプレートの境界に歪《ひず》みが蓄積していって、それがもう耐えられない臨界点に達したときに、歪みを一気に解消する形で発生する。東日本大震災で、東北地方の歪みは解消された。しかし、関東では歪みの解消ができていないから、圧力は高まっている。現に、この数年、関東地方で小さな地震が頻発しているのだ。

そして、平安時代と同じ宮城県沖を震源とする地震の9年後に首都直下型地震が発生すると仮定すると、2020年になるというのが鎌田教授の予測なのだ。

もちろんそれは正確なタイミングではない。東日本大震災の発生も、平安時代のタイムラグからみたら1年遅れている。だから、首都直下型地震の発生は2021年になるのかもしれない。いずれにせよ、近い将来に首都直下型地震が発生する可能性は、きわめて高いと言えるだろう。そのときいったい何が起きるのだろうか。

地震で東京が消える

２０１９年12月１日から８日まで、ＮＨＫが「体感　首都直下地震ウイーク」という特集を様々な番組とデジタルサービス、イベント展開を交えた新しい形で特集した。12月２日午後４時４分にマグニチュード７・３の地震が東京で発生したらいったい何が起きるのかを、地震発生からの時間経過とともに予測していくというものだ。私も、特集の一部に出演させてもらったのだが、専門家の分析を踏まえて検討していくと、恐ろしい事態が待ち受けていることが分かった。

首都直下型地震については、有識者会議が２０１３年12月19日に被害想定を発表している。最悪の場合、死者が２万３０００人、経済被害が約95兆円に上るとの想定だ。震度の分布をみると、都心南部直下地震の場合、震度６強以上の地震が襲う地域は、湾岸地域の他に、千代田区、中央区、港区、渋谷区、品川区といったビジネス拠点に集中している。都心南部に震源地を想定している影響もあるが、これらの地域は、縄文時代には海だったところだ。縄文時代の陸地は、例えば東京の西側でいうと、多摩丘陵や武蔵野台地（狭山丘陵を含む）からだったのだ。海の底だった地域は地盤が弱く、揺れが大きくなるのだ。

その結果、有識者会議の被害想定でも、家屋の全壊・焼失棟数は、東京都区部は29万９

000棟、神奈川13万6000棟、埼玉9万7000棟に対して、茨城1300棟、群馬90棟、栃木80棟と極端に少なくなっている。火災の発生件数が少ないとみられるからだ。死者数も東京都区部が1万1000人、神奈川が5400人、埼玉が3800人に対して、茨城、栃木、群馬はゼロという結果になっている。地盤の問題だけでなく、家屋が密集していて火災が広がる地域は、どうしても被害が大きくなるのだ。

前にも述べたが、私は、日本の国土政策の最大の失敗は、政治、金融、サービス、モノづくりなど、すべての機能を東京に集中させてしまったことだと思う。集中させたことによって、首都直下型地震が襲ったときに、すべての機能が失われてしまうからだ。

火災や建物の倒壊などによる直接の被害はもちろん大きいのだが、中期的な被害をもたらす一番大きな問題は、おそらく停電だろう。国の被害想定では、地震後1週間で停電率は5割に下がり、1か月後には、停電は解消されると見込まれている。しかし、本当だろうか。東日本大震災のときには8日間で94%の停電が解消されたが、完全に解消されたのは3か月後だった。私はそれくらいの期間、つまり数か月にわたって東京で停電が続くのではないかと考えている。

住宅やオフィスが密集した東京中心部では、電線類の地中化が行われている。地中化すると台風の被害には強くなるが、大地震で破断したときの復旧は容易ではない。電線がどこで切れているのかを確認するだけでも大変だ。また電柱の電線と比べると、地中の電線の復旧には、より大きな手間がかかる。さらに、火災が広がることも復旧を困難にするとみられる。加えて、復旧の人員確保も難しくなるだろう。東京の規模があまりに巨大だからだ。２０１９年の台風15号の際には、全国の電力会社から応援の作業員が千葉県に集められた。彼らは、早朝から必死で働いた。それでも、停電の復旧には１か月以上の時間を要したのだ。東京の都市規模は、千葉県よりもはるかに大きいのだから、やはり停電は長期化するのではないだろうか。

そうなったら、何が起きるのか。東京中心部は住宅にしろ、オフィスにしろ、高層ビルだらけだ。停電時の高層ビルほど手に負えないものはない。エレベーターが止まるから、高層階の住人は自分の住居やオフィスに戻ることさえ困難になる。給水ポンプが停止するから水が出なくなる。もちろんトイレも使えない。阪神・淡路大震災のときは、近くの川から水を汲んできてトイレを流したが、東京の場合は周囲に水を汲める川がない人が多いのだ。そうなったら、高層ビルは、まったく利用が不可能になってしまうのだ。

住宅の場合は、さらなる困難が襲いかかる。東京は地価が高いので、多くの人が狭いスペースに住んでいる。断捨離を繰り返しながら、小さなスペースを少しでも広く使おうと生活しているのだ。当然、食料や水の備蓄はほとんどない。若い世代は、前述のようにコンビニを冷蔵庫代わりにしている人も多いので、冷蔵庫のなかの食料もほとんどないのだ。そうしたなかで停電が続けば、コンビニはレジが動かないから販売ができない。冷蔵商品はどんどん腐っていく。道路が寸断されているから商品は届かない。これは、妄想ではない。阪神・淡路大震災のときの神戸や東日本大震災の直後の仙台などで実際に起きたことだ。

首都直下型地震が起きたら、途端に東京の人は難民になってしまう。難民の受け入れ先もない。仮設住宅を建てようにも、空き地はほとんどない。その結果、東京が廃墟になる可能性さえ出てくるのだ。

そして国全体の経済にも大きな被害が出る。いまや大企業のほとんどが東京に本社を置いている。さらに高度な分業体制を組み上げてしまったため、一つの機能が停止すると、生産全体が停止する。

例えば、北海道胆振《いぶり》東部地震のときには、大停電（ブラックアウト）により自動車産業や食品産業が操業停止に追い込まれた。東京が機能停止に陥れば、はるかに大きな被害が出るだろう。私は、首都直下型地震が襲うだけで、日本は発展途上国に転落するだろうと考えている。復興が進めば元に戻ると考える人も多いが、そうではない。

長期間、機能を失えば、その間に「売り場」を取られてしまうからだ。例えば、神戸港は阪神・淡路大震災の前年、世界6位の貨物港だった。しかし大震災で一時機能を停止したため、現在は64位にまで順位を下げているのだ。

資本主義がもたらした地域構造面での最大の問題は、東京一極集中だ。すべての経済機能を狭い地域に集めれば、もちろん効率は高まる。しかし、南関東の一都三県のGDPが国全体に占める割合は3割だ。その場所が、ひとたび大規模災害に襲われると、国の経済機能が麻痺《まひ》して、国全体の経済が沈没する危機にさらされるのだ。

第五章　人と地球を救うガンディーの経済学

ほどよいバランス

これまでみてきたように、いまの世界と日本は、2015年に国連サミットが掲げた「人と地球を守る」ためのSDGsとは、真逆の方向へと動き続けている。しかし、人も地球も壊し続けてきた資本主義の暴走は、バブルの崩壊とともに、動きを止めるだろう。問題は、そのあとの経済や社会をどうデザインするのかということだ。

私は、長い間、討論番組に出てきて、政治家や評論家は二つのタイプに分類されることに気づいた。一つのタイプは平和主義かつ平等主義の人、もう一つのタイプは主戦論かつ市場原理主義の人だ(図6)。不思議なことに、安全保障政策で平和主義を主張するのに、経済政策で市場原理主義を主張する人はほとんどいない。同様に、主戦論を唱えるのに、平等主義の人もほとんどいない。それは、なぜなのか。

実は、主戦論と市場原理主義は、「利己主義」という点で通底している。自分のことしか考えないから、ならず者は力でねじ伏せればよいと考える。戦争を仕掛けて、屈服させれば、世界平和に貢献できると考えるのだ。戦争をすれば、一般市民が巻き込まれ、命を落とす人がたくさん出てくる。命を落とす人にも家族や友人がいる。しかし、そんなことはどうでもよい。自分には関係のないことなのだ。経済面でも、生活がままならないほど

図6

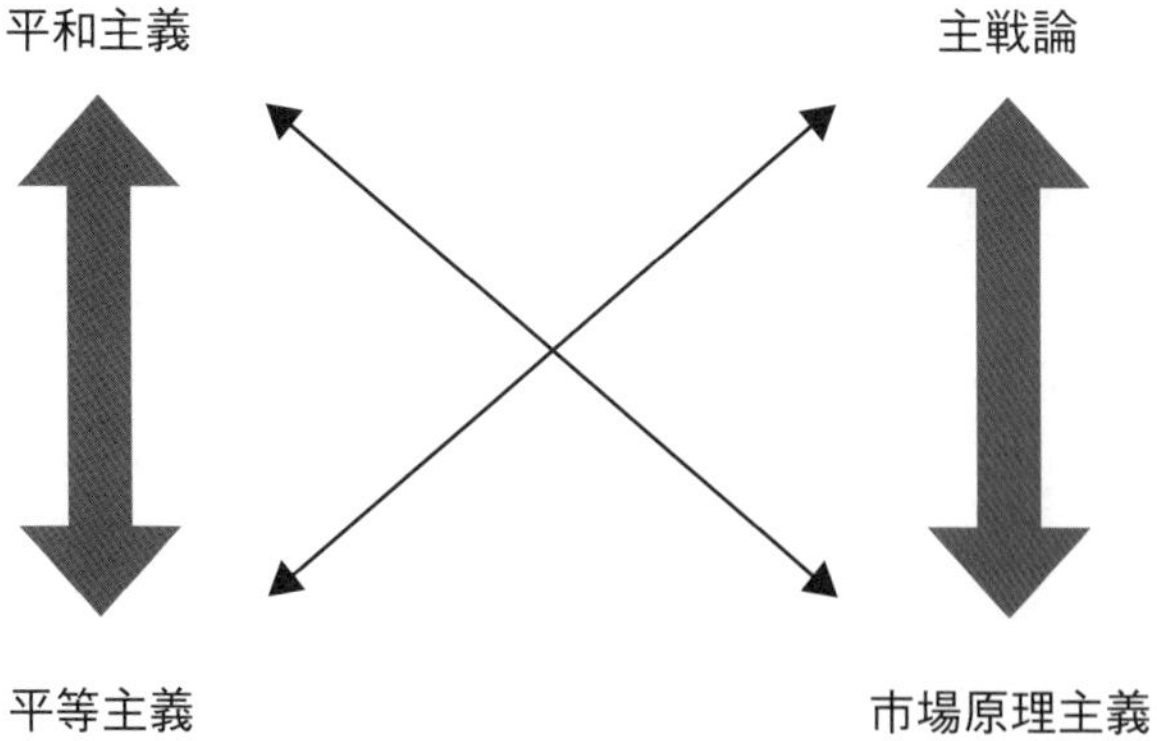

困窮している人たちがいても、救いの手を差し伸べようとは思わない。市場原理は、稼ぐ機会を平等に保障しているのだから、貧困に陥っているのは自己責任だと彼らは考える。

一方、平和主義と平等主義は、「利他主義」という点で通底している。平和主義者は、戦争で傷ついたり、命を落とす人をみて、心を痛める。たとえ自分が安全なところにいても、他人の不幸を自分のことのように悲しんだり、苦しんだりするのだ。平等主義も、同じだ。貧困に苦しむ人の存在が許せないから、結果の平等を求めるのだ。

実は、平和主義と平等主義のセットが社会主義で、主戦論と市場原理主義のセットが資本主義だと私は考えている。もちろん、そういうことを言うと、「社会主義国でも好戦的な国はいくらでもある」という批判がなされるだろう。現実は、もちろんそうだ。ここで言う社会主義と資本主義は、あくまでも理念としての分類だ。現実の世の中には、厳密な資本主義者もいないし、厳密な社会主義者もいない。

しかし、理念として社会主義と資本主義のどちらを追求するのかは、社会や経済や経営に大きな違いをもたらす。

分かりやすい例で言うと、私は典型的な資本主義者は、日産自動車前会長のカルロス・ゴーン氏だと思う。ゴーン氏の名声は日産自動車の再建によって一気に高まった。深刻な経営危機にあり、2兆円もの有利子負債を抱えてきた日産自動車を、たった4年で無借金に変えたからだ。しかし、日産自動車の経営再建でゴーン氏がやったことは、工場の閉鎖・売却、2万人を超えるリストラ、そして下請けの半分を切り捨てるといった徹底的なコストカットだった。誰でもできることをやっただけだったのだ。ただ、なぜ日産自動車が自力でそれができなかったのかと言えば、彼らの顔が浮かんでしまうからだ。いままで同じ釜の飯を食ってきた同僚を路頭に迷わすのは忍びない。長い間、共に歩んできた協力工場をつぶすことなどできない。そう考えることで、リストラが進まなかった。しかし、ゴーン氏は冷酷非情に断行した。それだけではない。多くの関係者の人生を無茶苦茶にする一方で、自らは高額の報酬を受け取っていた。逮捕される直前の表向きの報酬だけで、ゴーン氏が受け取っていたのは、日産自動車7億3500万円、三菱自動車2億2700万円、ルノー9億5000万円と、19億円超だった。その他に表に出ない報酬やプライベートジェットの費用などを考えれば、実質的な報酬は50億円を超えていたのではないか。それだけのお金があったら、1000人程度のリストラを止められたはずなのに、そんなことは一切お構いなしだ。保釈中に日本からレバノンに逃亡したのも同じ思想だ。要は、自分のことしか考えていないのだ。

しかし、平気で首切りをするゴーン氏であっても、完全に自分のことだけを考えているわけではない。「逃亡は自分一人で計画し、一人で実行した」とキャロル夫人を擁護しているし、逃亡手段の詳細に関しても、逃亡の協力者に迷惑がかかるとして、言及を避けている。つまり、ゴーン氏の場合は、自分と自分にごく近い人たちのことは考えているのだ。

一方で、完全な社会主義者というのも存在しない。いまでも世界では数え切れないほどの戦争や紛争が起きているが、そのすべてに目配りをしている人はほとんどいないだろう。あるいは、世界77億人のすべての平等を実現しようとしている人もほとんどいないし、実現しようとしても不可能に近いだろう。

結局は、どこまでの範囲の人の幸福を考えるのかというバランスが問題になるのだ。私は、いま必要なことは、グローバル資本主義を目指すのではなく、かといって共産主義革命を目指すのでもなく、ほどよいバランスを達成することだと思う。その「ほどよいバランス」こそが、ガンディーの経済学なのだ。

その主張に違和感を覚える人も多いだろう。経済学の世界では、マハトマ・ガンディーは、経済学者としてまったく認知されていないからだ。ガンディーは、経済理論を打ち立てたわけではなく、経済学の論文を書いたわけでもない。ただ、マルクス経済学が倫理学の要素を多分に含んでいるのと同様に、ガンディーは、経済行動を決定する際の判断基準として、最も重要な倫理面での基準を明快に示しているのだ。

ガンディーの経済学とは何か

本書の冒頭で述べたように、インド建国の父であるガンディーは、自由貿易や近代工業化に反対したことで知られている。しかし、それは決して鎖国主義ではなかった。ガンディーも、自国で生産できないものについては、輸入すべきだと言っているし、自国の産業が新しい生産技術を採り入れることに反対したわけでもない。ガンディーは貧困や格差をなくすために、消費や投資を通じて、「近くの人を助ける」ことから取り組もうと言ったのだ。近所の人が作った農産物を食べ、近所の人が作った服を着て、近所の人が建てた家に住む。そうすれば、その地域に雇用が生まれ、地域経済が回りだす。それは、利他主義を考えるときの明確な基準だ。

実は、私はこれまで、請われるたびに、アフリカの低所得国などに場当たり的な寄付を繰り返してきた。そのこと自体は何ら後悔していないのだが、いつも抱えていた悩みは、いったいどこの人をどれだけ助ければよいのかという問題だった。私は世界中の人々を助ける資金を持ち合わせていない。ところが、経済的な困難に直面する人は、世界中にいる。その悩みにもガンディーは明確な基準を与えてくれた。まず身近な人から助ける。それも、お金を寄付するという形ではなく、身近な人が生産した商品を買うという形で支援を広げていくのだ。

ガンディーの利他主義について、経済学者アジット・K・ダースグプタは、著書『ガンディーの経済学　倫理の復権を目指して』（作品社）のなかで、次のように述べている。

ガンディーの倫理的選好の概念も、スワデーシー運動の道徳的基礎を提供しており、次にそれについて論じたい。スワデーシーという言葉は、国産、あるいは地元産を意味する。

スワデーシー運動は、インド国民会議派がガンディーの指導下で実施した大衆運動であり、とくに都市に住む人々に対して、外国製品よりもインドの製品を、工場の製品よりも村落工業の製品を消費する習慣を身につけるよう奨励するものであった。彼らは、とくにカッダル（チャルカー、つまり手紡ぎ車を使って村人たちが紡いだより糸で織られた服）を着るよう勧められていた。スワデーシー運動は、一九三〇年代にインドの一部で広まった。それは、インド民族運動の政治史の重要な一幕であり、ガンディーの遺産の一つであると一般にみなされている。しかしながら私の関心は、そうした歴史にではなく、ガンディーが打ち立てようとした倫理的選好の原理の一例と考えられるスワデーシーにある。ガンディー自身が強調したのは、スワデーシーが、インド織維市場におけるランカシャー（著者注：綿工業の中心地として栄えたイギリスの地域）の支配を弱め、これによってイギリス人支配者たちを狼狽させるためのたんなる政治的方策とみなされるべきではないということであった。それが正当化されるのは、根本的道徳原理においてでなければならなかった。彼が、非常にしばしばこうした目的のために訴えた原理は、隣人の原理であった。ガンディーは、スワデーシーを「人が隣人よりも遠くにいる人々のために尽くしたいと言うときに崩壊してしまう原理」と説明した。ガンディーは、全人類が共有し、全ての宗教に共通する教えは、人は隣人をいたわり気遣わねばならないということだと述べる。隣人を助ける義務は、スワデーシーの倫理の中心にある。たしかに私たちは、全人類に対して義務を負っているが、私たちがその部分部分に対して負っている義務は、同じ重要性をもっているわけではない。近接関係（proximity）の度合いに基づく義務には、序列がある。近接関係は、人の感情の親密さや暮らし向きについての知識の観点において、紐帯を結ぶ際の決定的な要素である。「私たちが奉仕できる能力は、私たちの住む世界についての知識によって制限されます」。したがって私たちは、まず隣人への奉仕からはじめなければならない。「ある人の祖国と人類に対する奉仕は、自らの隣人に奉仕することから成り立っています」。隣人を餓死させ、遠く北極に住む縁者に尽くしたいと主張することはできず、それは、もっとも近くの隣人を犠牲にして遠くの人に尽くすことは許されないからである。このことは、宗教の教えであるだけではなく、「真の人間的経済学」の基礎でもある。ガンディーは、近接関係の観点から解釈されるスワデーシーの原理と、これまた彼の支持した全人間に奉仕する原理の間には、なんら矛盾をみていなかったのである。

このようにダースグプタは、ガンディーの主張する「隣人の原理」を倫理的選好の一つだと考えているが、同時にそれはよき常識だとも言っている。そして隣人の原理は、ＳＤＧｓを推進する現代の運動のなかにも、すでに採り入れられている。

隣人の原理

「エシカル消費」という言葉を聞いたことがあるだろうか。直訳すれば、倫理的消費だ。人や地球を守るために、望ましい形で消費を行うことを「エシカル消費」と呼んでいるのだ。

エシカル消費のなかには、「フェアトレード」「フードマイレージ」「オーガニック」「地産地消」「リサイクル」「リユース」「エシカル金融」など、様々な活動が含まれており、幅広い分野で取り組みが始まっている。そのなかで私が最も重視すべきだと考えているのは、ガンディーの「消費を通じて、近くの人から助ける」という隣人の原理と呼ばれる思想だ。

重視する理由は二つある。一つは、社会的に強制をしなくても、「近くの人から助ける」という考えは、大部分の人の心に基本的な倫理として深く根付いているので、多くの人にとって受け入れやすいということだ。

世界平和と世界の平等を標榜《ひょうぼう》している人でも、実は近くの人により深い愛情を注いでいる。例えば、海外で航空機が墜落したり、大規模な災害があったとき、大部分の日本人がまず関心を持つのは、被害者のなかに日本人が含まれているかということだ。命の重みに差はないのだが、どうしても自国民のことを考えてしまう。サッカーやラグビーの国際試合で、ついつい日本代表を応援してしまうのも、同じ理屈だ。

愛情は、範囲が狭まると強くなる。都市には、出身県ごとの「県人会」が存在していて、ビジネス上のメリットがなくても、情報交換や助け合いなどの付き合いが行われている。さらに、もっと範囲を狭めると、愛情はさらに強くなる。例えば、近所の子供が怪我や病気をしたら心配をする人が多いだろう。残念ながら、遠く離れた知らない人の子供の心配をする人は、ほとんどいない。そもそも、人間は、近しい人のことほど、自分のこととして考える習性を持っているのだ。資本主義者の典型であるカルロス・ゴーン氏でさえ、妻のことを最優先で考えているのだ。

私が隣人の原理を重視するもう一つの理由は、人と地球を守るために、それが最も効果的な手段となるからだ。例えば、地元の会社が作った商品を近隣の人たちが消費する場合、消費者の健康を害する可能性のある食品を売るだろうか。すぐに壊れてしまうような欠陥商品を売るだろうか。環境を破壊する商品を売るだろうか。劣悪な労働条件で雇った労働者を使って作った商品を売るだろうか。そんなことは、まずないだろう。顔の見える相手に対しては、おのずと倫理が働くからだ。

そうして考えると、人と地球を守るために、これからの経済社会に必要となる基本政策は、グローバルからローカルへ、大規模から小規模へ、中央集権から分権へという方向性になる。私は、この政策が社会を変える効果は、非常に大きいと考えている。

例えば、自分に近い仲間を雇うときに、人間性を否定するような低賃金や長時間労働の仕事を押し付けることはないだろう。

環境面でも同じだ。戦後増え続けてきたゴミの量は、多くの自治体で、減少傾向になっている。その最大の理由は、ゴミ処理を原則として市町村ごとに行っているからだ。もしゴミ処理が、全国共通で行われていて、どこで処理されるのか分からないというときに、各家庭は、細かくて面倒な分別作業を行うだろうか。ゴミの減量に協力するだろうか。市町村ごとにゴミ処理が行われ、不十分な分別をすると、自分たちに被害が降りかかってくるからこそ、正しい分別をし、できるだけゴミを減らすように努力をするのだ。

小規模分散化という方向性は、私は資本主義、特にグローバル資本への一種のレジスタンス（個人個人による抵抗運動）だと考えている。いま、日本を含む世界中の国の人の暮らしが、グローバル資本の支配下に置かれようとしている。例えば、GAFA（グーグル、アップル、フェイスブック、アマゾン）の株式時価総額は、すでに日本の東証一部上場企業全体の株式時価総額に近づいており、早晩追い抜かれるだろうとみられている。こうしたグローバル資本の支配から解放される方法は、できる限りグローバル資本の商品やサービスを利用しない、つまり隣人の原理を働かせて、生産や消費の小規模分散化を図るしかないのだ。

実は、そのことは、多くの分野で実現可能だ。それが具体的にどのようなものになるのかについては、これから、農業、製造業、商業、エネルギー、国土と地域、そして国民のライフスタイルに分けて、述べていこうと思う。

日本の農業をどうするのか

２０１８年度の食料自給率（カロリーベース）が、前年を1%ポイント下回り、37%となった。これは、コメが記録的不作となった１９９３年度と並んで、過去最低の水準だ。先進国の多くが、ほぼ国内自給を果たすなかで、日本の食料自給率だけが突出して低く、しかもそれが下がり続けている。

そうした状況に危機感を覚えた政府は、農地を担い手農家に集約することで大規模化し、輸出を拡大することを目標にしている。いわゆる「儲かる農業」への転換だ。

実際、２０１５年に閣議決定された「食料・農業・農村基本計画」によると、今後の農業政策は、効率的かつ安定的な農業経営を進める認定農業者や企業に農地を集約化し、農業の支援策もそうしたところに集中させていく方針が明確に示されている。食料自給率の低下だけでなく、ＴＰＰ（環太平洋パートナーシップ協定）の発効など、農業を取り巻く国際競争環境が厳しくなるなかで、日本の農業の大規模化・効率化が避けられないという認識なのだ。しかし、その方向性は、本当に正しいものなのだろうか。

アメリカを除く11か国で締結されたＴＰＰは、２０１８年12月30日に発効した。最終合意から少し時間が経ったので、改めて農業関連の合意事項を整理しておこう。

農林水産物に関しては、51・3%の品目の関税が即時撤廃で、最終的に81%の品目の関税が撤廃される。主要農産物については、コメがキロ当たり341円の関税は維持されるものの、豪州に対しては当初3年間6000トン、最終的に8400トンの輸入枠が与えられる。牛肉は発効前の38・5%の関税が、最終的に9%に引き下げられる。豚肉は、キロ当たり482円の関税が、最終的に50円に引き下げられる。

もちろん協定から離脱したアメリカは対象外だったのだが、2019年9月に合意した日米貿易協定で、コメを除く分野では、TPPと同水準の関税引き下げが行われることになった。私は、いまでも工業製品の輸出を守るために農業を犠牲にしたTPPへの参加は、間違っていたと思うし、日米貿易交渉も日本の惨敗だと考えているが、決まってしまったものをあれこれ言っても、何も始まらない。こうした環境変化にどう対応するのかが、いまの日本の農業には求められていることだ。

私は、日本の農業を一律に大規模化・効率化していく必要があるとは思わない。「日本の農業の国際競争力は弱い」と多くの人が思い込んでいるが、それは農林水産省が、「農産物の国内自給率は40%にも満たない」というキャンペーンを続けてきたからだ。自給率というのは、国内消費のうち、どれだけを国内生産でまかなえているのかという数字だ。

つまり、「国内生産÷国内消費」なのだが、この数字が高いほど、国際競争力が強いということになる。だから、自給率が40%にも満たないと言われると、まったく競争力のない産業と判断されてもやむを得ないのだ。

ただ、農水省が強調する40%未満という自給率は、カロリーベースの数字だ。有事の際には重要な指標だが、平時に重要なのは、生産額ベースの自給率だ。農水省も、生産額ベースの自給率を計算しているが、ここでは他産業と比較を可能にするため、産業連関表という統計を使って計算してみよう。

2016年のSNA（国民経済計算）産業連関表で計算すると、農林水産業全体の自給率は87%だ。日本の農林水産業は、生産額ベースでは、ほぼ9割を自給しているのだ。一方、製造業全体の自給率は、100%を超えているが、例えば繊維製品の自給率は49%、情報・通信機器の自給率は56%と、農業よりずっと低いのだ。

情報通信機器というのは、スマホやパソコンなどだ。そうした業種より、農業の国際競争力がずっと高いという現実を、まずしっかり認識する必要がある。なぜかというと、一部の人たちが目指している大規模・企業経営型の農業への転換という方針に対する批判の視点が得られるからだ。

農業は「道」

確かに、日本の農業は、個人経営で、小規模な農家が大多数を占めている。それを集約すれば、生産性は上がるかもしれない。しかし、企業が大規模に農業をやると何が起きるのか。企業の目的は、利益を上げることだから、利益が最優先される。その結果、どのようなスタイルの農業になるのかは、これまでに述べてきたように、いまのグローバル農業資本がやっていることをみれば、明らかだ。

彼らは、遺伝子組み換えで作られた収量の多い種子を使う。また、農業の最大の手間は、雑草との戦いだから、効率的な除草のために除草剤を空中散布する。もちろん、彼らが作り出す作物だけは、その除草剤に耐性を持つように遺伝子を組み換えておくのだ。さらに、彼らは、収穫後の作物にも、虫の発生を防止するために農薬を散布する。

遺伝子組み換えの作物の安全性や残留農薬の健康被害は、明確な証拠がすぐには出てこない。健康被害は、長期間の摂取によって生じることが多いし、人間は複数のものを食べるから、原因を特定しにくい。さらには過去どのようなものを食べたのかをきちんと記録している人はほとんどいない。一方、グローバル農業資本の使う非選択性の除草剤は、周辺の農地に、すぐに悪影響を及ぼす。通常の作物が育てられなくなった近隣の農家は廃業せざるを得なくなる。その土地をグローバル資本は買い占め、さらなる大規模化が図られる。

これまで日本の良心的な農家がやってきたスタイルは、グローバル資本とは真逆だ。小規模農家の大部分が、人件費を考えたら、まったくの赤字でも農業を続けている。それには、先祖代々受け継いできた農地を守りたいという気持ちもあるが、日本の農家にとっての農業は「道」なのだ。柔道や剣道や茶道、書道といったものと同じだ。だから、目先の利益のために道を踏み外すようなことはしない。例えば、農薬に関しては、安全なものを使用し、しかも収穫が近づくと徐々に使用量を減らしていき、農薬が残留しないようにする。そうした努力を積み重ねることによって、世界で一番安全でおいしい農産物が作られてきたのだ。

ところがTPPの推進にみられるように、日本政府は、農業に市場原理優先を持ち込もうとしている。私は、日本に本当に必要な農業政策は、産地表示を厳格化し、遺伝子組み換えを禁止し、農薬の使用を厳しく規制し、小規模個人経営の農業を守ることだと思う。

安全でおいしいという農産物の一番大切な価値は、理解されるのに時間がかかる。しかし、現状でも生産額ベースでは9割近い自給率があることや、農産物の輸出が大幅に伸びていることを考えれば、いま日本の農業を市場原理にさらしたり、グローバル資本の参入を許す必要は、まったくないだろう。

もちろん、いまのままでは農家の経営が成り立たないことも事実だ。それでも生き残りの方法はある。

一つの方法は、海外産品と競合しない農産物に特化することだ。例えば、鮮度が求められる野菜に関しては、輸入品に代替される可能性が小さい。果物に関しても、海外と競合しないものが多くある。例えば、かつてオレンジの輸入が自由化されたとき、日本のミカン農家への影響が懸念されたが、実際にはほとんど影響がなかった。オレンジとミカンは違う食べ物だったからだ。

品種が同じ食べ物でも、実質的に違うものはたくさんある。例えば、日本のリンゴを普段から食べていると、海外のものはまずくて食べられない。

第二の生き残り策はブランド化だ。最も重要なコメに関しては、大規模農家に生産を集約して、価格競争力を高めようという意見もあるが、私は、それは無理だと考えている。例えば、日本で15ヘクタールを超えるような大規模農家でも、生産コストはキロ当たり200円程度だが、海外産のコメは、相場が大きく変動するものの、平時ではキロ当たり50

円程度と、とても競争ができる価格ではないからだ。しかし、コメをブランド化すれば、海外との価格競争の問題は、ほとんどなくなる。何年か前に、西友が価格の安い中国産のコメの輸入販売を手がけたが、消費者はほとんど振り向かなかった。その意味で、現在、様々なブランド米が登場し、百花繚乱となっている現状は、心強い状況と言えるだろう。牛肉も、国内のブランド牛が生き残るとみられる構造は、コメとまったく同じだ。

ただ、私は、第三の生き残りの方法があると考えている。それは、日本の農業を「アート」にすることだ。安全で、おいしく、美しい日本の農産物は、それだけでアート作品とも言えるのだが、さらにひと手間かけることで、紛《まご》うことのないアート作品に変貌させることができるのだ。例えば、静岡県富士市に杉山フルーツという店がある。外観は、商店街のなかのフルーツ店に過ぎないが、ここに行列ができている。目当ては、同店が販売する生フルーツゼリーだ。ワイングラス型のプラスチックカップに、生ゼリーを注ぎ、そのなかにカットされたイチゴやメロンやミカンをちりばめただけの商品だ。ただ、見た目が美しいだけでなく、生ゼリーのほのかな甘みが、フルーツの個性を引き出して、魔法にかかったようにおいしいのだ。店主の杉山清氏は、自らを「フルーツアーティスト」と称している。

私は、これから日本の農業は、大規模で生産性が高いところが生き残るのではなく、感性が豊かで、努力を積み重ねることのできる人が生き残っていくことになると考えている。残念ながら、農業や食品づくりに真剣に取り組んでいない人は生き残れない。しかし、それは当然の結末なのかもしれない。どの分野でも、アートは、感性と努力を兼ね備えた人だけが生き残る世界だからだ。

自分の食べるものは自分で作る

さらに、もう一つ日本の食料自給率を上げるための重要な手段がある。それは、それぞれの家庭が「自分の食べるものは自分で作る」という戦略だ。

それは、決して突飛な発想ではない。家庭菜園をしている世帯は多い。私自身、2018年から群馬県昭和村で畑を借りて、プロの農家の指導を受けながら、十数種類の農作物を作っている。全部で10坪ほどの小さなスペースだが、それでも初夏から秋までは、家族だけでは消化しきれないほどの収穫がある。

実は、群馬県の畑は家から遠いので、将来栽培技術が身についたら自宅のある埼玉県所沢市内で農業をやろうと考えて、農地を買えないか調べてみた。だが、現在の法制度の下で、一般人が農地を購入することは、かなり難しい。現行の農地法では、農地を買うには、農作業に常時従事し、耕作する農地の合計面積が50アール（約1500坪）以上という条件を満たす必要があるからだ。要するに、完全なプロ以外は、農地の所有を認めないルールになっているのだ。

いまの法律は、新規零細農家の参入を拒んでいるのだ。大規模・効率化という政府の方針からすれば当然の措置とも言えるのだが、耕作放棄地の面積は2015年で42万3000ヘクタールと、農地面積の1割近くに達している。政府はそれを担い手農家に集約して、さらなる生産性向上を目指している。そうしたことを積み重ねていけば、最終的なゴールは、グローバル資本がやっているような利益を目指す農業に行き着いてしまうのだ。

それでは、人も地球も守ることができない。

ただ視点を変えれば、「自分の食べるものは自分で作る」というライフスタイルを、我々の生活のなかに組み込んでいける可能性はある。野村総合研究所の予測によると、2035年には、全国の空き家率が30％を超えるという。人口減に伴って土地が余ってくるのだ。逆に言えば、もうすぐ、日本人は平均して、いまより30％広い家に住むことが可能になるということだ。だから、これからは、庭付きの家ではなく、畑付きの家というのを基本にすればよいのではないだろうか。広い庭を使った家庭菜園であれば、作物ができすぎることはないし、農業用水の問題もない。庭がなければ、畑を借りればよい。実際に私は、２０２０年から群馬県の畑とは別に、自宅のすぐ近くの農家の畑の一部を借りて、耕作を始めている。10坪にも満たない農地だが、家族が食べるには十分な広さだ。

これまで日本の農業政策は、大規模化・効率化の一辺倒だった。私は、それを見直すべき時期に来ているのだと思う。農作業自体が国民の健康増進にもつながるし、自分で作れば、国民が安全な農産物を食べ続けることができる。そして、農作物を自分で作る人が増え、農地が細分化されることの一番大きなメリットは、いま世界で猛威をふるっているグローバル農業資本に日本の土地が侵略される心配がなくなるということだ。

それだけではない。農業を小規模分散型にすることは、我々の健康を守るためにも大きな貢献をするだろう。農薬の残留している農作物を周囲の仲間に食べさせようと考える人はどこにもいないからだ。

さらに、「自分の食べるものは自分で作る」という農業の小規模分散化は、災害対策にも大きな効果を発揮する。新潟県中越地震（２００４年10月）のとき、あるメディアの記者が緊急の取材に向かった。ところが、被害が深刻で取材が何日にも及んだため、持参した食料がなくなってしまった。そこで被災した農家の人がおにぎりを差し出してきたという。しかし、被災者に迷惑をかけてはいけないというのが記者の職業倫理だ。彼はもちろん申し出を断った。しかし、さすがは、米どころの新潟だ。「コメなら、自分で作ったコメが山のようにあるんだ。だから食べなさい。飢え死にしてしまうよ」。都会では、そうはいかないだろう。

林業への追い風を逃すな

木材の輸出が急増している。2013年に123億円だった木材の輸出額が、2018年は351億円と、5年で3倍近くに増えているのだ。原因は、中国を中心とするアジア圏の急激な経済成長で、建築資材や輸送用の木枠をはじめとする梱包用木材が、アジア各国の国内では調達しきれなくなったことだ。同時に、日本の木材は、腐ったり、カビが生えたりしにくいので、日本産の木材の品質への評価が高まったという側面もある。

しかし、こうした輸出増加の恩恵を本州の内陸部は、あまり受けていない。理由は二つある。一つは、輸送コストの問題だ。内陸部の場合、輸出港までの輸送コストがかかるため、価格競争上のハンディキャップがある。実際、木材輸出の恩恵にあずかっているのは、輸出先に近い九州各地が圧倒的多数を占めている。もう一つの理由は、樹種の問題だ。例えば全国有数の森林県である長野県の場合は、木材資源のほぼ半分をカラマツが占めている。だが、カラマツを建築の構造材として用いる習慣がアジアにはないので、そもそも需要がほとんど発生していないのだ。

日本の森林資源は2017年で52億立方メートルと、1971年と比べて、3倍に増えている。この資源を活かさない手はない。しかも、戦後植林が進んだ人工林は、いまや伐採の適齢期を迎えている。しかし、採算性が低いことから、林業従事者が減少し、放置されている森林が少なくないのが現状だ。

森林は、木材やきのこやワサビの生産という産業としての側面のほかに、山崩れを防止し、水源を涵養《かんよう》し、景観を保ち、空気を浄化し、生物の多様性を確保するという環境面でも大きな価値を持っている。しかし、山は手入れが不可欠だ。定期的に間伐し、苗木を植え替えていかないと、木材生産が難しくなるだけではなく、土砂流出の原因となり、生態系を壊してしまう。

林業は、長らく衰退産業となってきた。林業従事者は、1980年に14万6000人いたが、2015年には4万5000人と、3分の1以下に減っている。これでは伐採や森の手入れが進むはずがない。もちろん、従事者が減少したのは、林業が儲からないからだ。しかし、輸出の可能性が高まり、収益が見込まれるということは、林業にとって、最大の追い風が吹き始めたと考えるべきだろう。

林業の輸出産業化は、決して夢物語ではない。中国では、これまで、建築の構造材としての使用が認められなかったカラマツも、日本政府の努力によって認められる見通しとなっている。カラマツの最大の特長は、美しい木目だ。その木目を活かして、壁材や床材にしたときに、いかに素晴らしい素材になるかということを、もっと積極的にアピールすべきだ。そうやって需要が拡大していけば、林道の整備と高性能林業機械の導入拡大によって、森林の保育作業は、より近代的な職業として確立するはずなのだ。

私は、林業復活の芽は、すでに出ていると思う。一つの理由は、年齢構成の若年化だ。林業というと高齢化一辺倒のイメージがあるが、現実はそうではない。林業従事者の平均年齢は、２０００年に56・０歳だったが、２０１５年には52・４歳と若返りが図られている。35歳未満の若年者が占める割合も１９９０年以降増加を続け、２０１５年には17％に達している。若返りの大きな原因は、素材生産分野での若年就業者の増大だ。実は、日本は良質の木材が存在するだけではなく、それを加工する技術も、世界有数のレベルを誇っている。そうした分野に、通年雇用で月給制の若者が、次々に入ってきているのだ。

こうした流れを加速させるために、中国をはじめとするアジア各国に、「日本の木材を使った木造建築は、高価だが、長持ちして美しい」という意識を根付かせることが何より大切だと思う。富裕層はアジアにはたくさんいるし、彼らの多くがいま日本を観光で訪れている。そこに日本の木材と建築技術の素晴らしさをみせればよいのだ。例えば、世界最古の木造建築である法隆寺の金堂や五重塔は、１３００年も前の建物だ。こうした息の長い文化をもっとアピールすべきだろう。

日本のモノづくりをどうするのか

日本のモノづくりが苦境に陥っている。自動車産業は、まだ踏ん張っているが、かつて世界市場を席巻していた日本の家電産業は、惨憺《さんたん》たる状況だ。サンヨーの白物家電部門は中国資本のハイアールに売られ、シャープは台湾資本の鴻海《ホンハイ》精密工業に売られてしまった。東芝の家電部門は、中国の家電大手・美的集団に売却され、世界初のカーナビを開発したパイオニアも、香港の投資ファンド、ベアリング・プライベート・エクイティ・アジアの傘下に入った。

なぜ、こんなことが起きたのか。一番大きな原因は、日本製品が中国やアジアの製品との価格競争に敗れたからだ。家電製品というのは、コストに占める組み立て人件費の割合が高い。だから、日本に製造拠点を置いておくと、途上国との価格競争に勝てないのだ。ただ、だからといって、私は、低賃金の外国人労働者を日本にどんどん連れてきて、国内生産を復活させようとは思わない。そんな価格競争を続けても、消耗戦になるだけだからだ。

いま世界では、人工知能を活用する第4次産業革命が急速に進んでいる。2015年に野村総合研究所が発表した研究によると、技術的には、いま日本の労働人口の49%が就いている職業が人工知能に置き換えられてしまうという。人工知能は、定型的な仕事を代替するから、工場の直接生産労働者は、真っ先に置き換えられる。つまり、工場は無人になるのだ。そうなると、人件費がなくなるから、当然モノの値段は下がっていく。極論すると、最終的にモノの値段はタダ同然になっていくのだ。

そんなことはあり得ないと思われるかもしれない。しかし、そうしたことはすでに現実に起きている。例えばデジタル腕時計だ。私が中学生のときに日本で初めてデジタル腕時計が発売された。発光ダイオードで時刻が表示されるだけのシンプルなものだったが、当時の値段は２００万円だった。ところがその後、デジタル腕時計の値段は、坂道を転げ落ちるように下がり、いまや１００円ショップでも買えるようになった。事実上タダ同然になってしまったのだ。

しかし、それは日本から時計産業がなくなるということを意味しなかった。いまでも高級な腕時計は国内で匠の技を持つ名人が作り続けており、なかには数千万円という値段のついた宝飾時計も存在する。もちろん、そうした時計の生産量はごくわずかだ。ただ、そうした超高級品だけでなく、中級品も日本で作り続けることができるということを証明したメーカーがある。それがＫｎｏｔ《ノット》というメーカーだ。２０１４年に創業して、急激に売り上げを伸ばした。人気の秘密は、手ごろな価格のオリジナル時計だ。大部分の時計が１万円台で買えるうえ、時計バンドが４００種類も用意されている。ビジネスでも、プライベートでも、時計バンドをワンタッチで取り換えることによって、ＴＰＯに合った演出ができるというのが人気の秘密だ。

Ｋｎｏｔの製品は、すべてメイド・イン・ジャパンだ。海外の工場では、質の高い製品を少量生産することができないからだ。ただし、普通に国産時計を作ってしまうと、とても高価になってしまう。そこでＫｎｏｔは、工場に直接発注して、全量を仕入れ、それを自社店舗で販売する戦略を採った。この方法で常識的な値段の3分の1という価格を実現したのだ。

最近の時計は、ニーズが二極化している。一つは、正確な時間が分かれば、それでよいというニーズだ。実はいまの私のニーズがまさにそれだ。生放送や試験監督の仕事があるので、1秒単位の正確な時間を知る必要があるからだ。そのため、私は電波時計を使っている。電波時計は事実上誤差ゼロだ。しかも、私のしている時計は、マルチバンドで、世界中の電波を拾って時刻を修正してくれるので、海外旅行に出かけても、いちいち時差を考えて時刻を修正しなくてよい。このマルチバンド電波時計は、かつては非常に高価な製品だったが、量産化によって、とてつもなく値段が下がっている。私の時計は、1万円を切る価格で購入した。国産ブランドなのだが、裏板をみると、そこにはメイド・イン・チャイナと記されている。大量生産品は、やはり国内製造ではコストが合わないのだ。

一方、時計には正確な時間を知るという以外に、重要なニーズがある。それが、時計をおしゃれの道具の一つとしたいというものだ。これまで、このニーズに一番応えてきたのが、スイスの時計メーカーだった。しかし、そうしたメーカーの時計は、数十万円、時には数百万円という値段も珍しくないから、普通の人にはとても手が出ない。そこでKno tは、普通の人の買える値段の範囲で、おしゃれな時計を販売するという、いままで誰もチャレンジしなかったビジネスを創り出して、大成功を収めたのだ。

実は、Ｋｎｏｔの時計を製造している会社の一つが、長野県安曇野《あづみの》市の南安《なんあん》精工だ。南安精工は、自社ブランドの時計を少量生産しているが、Ｋｎｏｔの誘いを受けて、中級品の生産を再開した。もともと長野県は精密機械工業の工場立地が多い地域で、時計づくりも長い伝統を持っていたが、大手メーカーによる生産拠点の海外移転に伴って、国内で作る時計は、非常に高価な宝飾時計が中心になってしまっていた。国内の時計産業縮小という流れに、大きな一石を投じたのが、Ｋｎｏｔだったのだ。Ｋｎｏｔの製品は、作り手の強いこだわりがある商品だ。製品というより、作品に近い。その「作品である」ということが、メイド・イン・ジャパン復活の大きなカギを握るのだと私は考えている。

ずいぶん前の話だが、仕事でイタリアのローマに出かけた。そのときは、スケジュールがびっしり詰まっていて、自由時間は、帰国の直前の30分だけだった。関係各所への土産を買う必要があった私は、とあるネクタイ店に飛び込み、「何でもいいから、ネクタイを10本ください」と言った。その瞬間、店主は真っ赤になって怒り出した。「自分たちが、どんな思いでネクタイを作っているのか、分かっているのか。顧客の服装やＴＰＯを思い浮かべながら、それに合うネクタイを一つ一つ魂を込めて作っているんだ。それを何でもいいからとは何事だ！」。イタリアのネクタイ店の店主が作っていたのは、彼の作品だった。だから怒ったのだ。

途上国の技術力が向上し、グローバル競争が激化するだけでなく、人工知能やロボットがモノづくりをする時代に、価格競争に巻き込まれるモノやサービスを作っていては生き残っていけない。作品を作るべきなのだ。

フルオーダーという生き残り策

メイド・イン・ジャパンにこだわるＫｎｏｔは、順調に業容を拡大させ、２０１７年４月に東京の表参道に新店舗をオープンさせた。表参道店の大きな特徴が、フルカスタムオーダーの導入だ。

もともとＫｎｏｔは、時計本体とストラップを自由に組み合わせて８０００種類以上の時計を作ることができるカスタムオーダーの仕組みを採用していた。紳士服で言えば、イージーオーダーのようなものだ。一方、表参道店で導入されたフルカスタムオーダーは、ケース、文字盤に始まって、針、竜頭《りゅうず》の全てを自由に組み合わせて、世界に一つだけの時計を注文することができるのだ。しかも名入れ刻印も可能だという。フルオーダーの難点は、価格が高くなってしまうことだが、Ｋｎｏｔは、通常製品の価格にプラス２５００円という低価格を実現している。それができるのは、もちろん、日本で作っているからだ。

海外生産の場合、フルオーダーは非常に難しい。細かい指示がなかなか伝わらなくて、ミスが多く発生してしまうからだ。海外生産は、機械で大量生産するのに似たところがある。私が以前取材した自動車部品の工場では、ロットが１００を超える場合は、機械で作っていたが、それを下回る場合は、手作業でやっていた。機械で生産するとき、最初は品質基準を満たすように機械を調整していく段階で不良品が多く出てくる。調整が終われば、後は機械任せだ。ところが、少量生産の場合は、最初に出る不良品のロスの影響が大きい。ましてや、単品生産の場合は、ロスを出さない手づくりのほうが、ずっと効率的になるのだ。海外生産では、基本的に機械による大量生産の場合と同じことが起きる。だから、国内生産が圧倒的に有利なのだ。

私は、このフルオーダーが、日本のモノづくりが生き残るための一つの大きなカギになるとみている。それには二つ理由がある。一つは、消費者の多様化が進んだことだ。

フルオーダーという仕組みは、昔から存在した。例えば、１９７０年にトヨタがセリカを発売したとき、「フルチョイス・システム」を採用した。塗装を含むエクステリア、エンジン、インテリアの細かいパーツまで、自由に組み合わせて、自分だけの車をオーダーできるというものだった。セリカ自体は大きな支持を受けたものの、このフルチョイス・システムは、あまり機能しなかった。消費者の大部分が、最上級のパーツばかりを集めたGTを選んでしまったからだ。当時の日本人は、まだ横並び消費で、他人と違う車を欲しいと思っていなかったのだ。

しかし、時代は変わった。SNSの普及もあり、消費者が自分の個性を発信する習慣が定着した。最近のインターネットオークションをみていると、一般の人にとってはゴミとしか思えないようなものに高値がつくことが日常茶飯事になっている。それだけ、消費者が多様化してきたのだ。

もう一つの理由は、フルオーダーをするための仕掛けが、IT技術の進化によって省力化できるようになったことだ。例えば、個人のフィギュアを作る場合、かつては細かい採寸が必要だったが、いまでは3Dスキャナーで、体のまわりをぐるりと測定するだけで、簡単にできるようになった。Knotの表参道店もフルカスタムオーダーと言いながら、パーツを組み合わせるための端末が1台置かれているだけだ。

このように需要面でも、供給面でも、フルオーダーを可能にする環境が整ってきたのだから、後はきちんとしたモノづくりができる体制を整えておけば、国内製造業は成り立つのだ。ただし、受注の窓口はいまのところ、大都市に構えたほうが有利だ。地方でお客さんに来てくださいと、でんと構えていても、遠くからわざわざ来てもらうことは難しいからだ。しかし、それもIT技術の進化とともに必要なくなるかもしれない。通信回線を介して、まるで対面販売をしているかのようなコミュニケーションをとることが可能になっていくからだ。

日本の商業をどうするのか

かつて日本では、それぞれの街に商店街があり、近隣住民で賑わっていた。それが、いまやどんどんシャッター通り化しつつある。そうした現象が起きた最大の理由は、大店法の規制緩和だった。

１９７４年に施行された「大規模小売店舗における小売業の事業活動の調整に関する法律」は、中小小売店の経営を守るために、大型店の出店を規制する法律だった。大規模小売店が進出するときには、大規模小売店舗審議会の審査を通さなければならず、審議会では地元の小売業者の意見も考慮された。そのため、大型店の面積や営業時間は厳しく規制されていたのだ。

しかし、そこに日本への大型店進出をもくろむアメリカが圧力をかけてきた。1990年2月に、アメリカが日米構造協議の場で「大店法は非関税障壁だ」とクレームをつけてきたのだ。アメリカからの圧力に弱い日本政府は、まず出店調整期間の短縮や出店手続きの簡素化と透明化をするとともに、地方公共団体が行ってきた上乗せ規制を抑制することを約束した。そして、1991年の大店法改正によって、商工会議所に置かれていた商業活動調整協議会（商調協）を廃止した。その結果、外資だけでなく、国内資本の大型店舗が次々に生まれるようになった。さらに、2000年6月には、大店法そのものが廃止されてしまったのだ。

その結果、日本全国にGMS（ゼネラルマーチャンダイズストア）と呼ばれる大型スーパーが立ち並ぶようになり、それが発展する形で、書店や玩具店、映画館や美容室、カーメンテナンスに至るまで様々な機能を加えたショッピングモールが乱立し、周辺地域の購買力を根こそぎ飲み込んでいくようになったのだ。

そして、もう一つ日本人の消費行動を変えたのがコンビニエンスストアだ。コンビニは、

1974年に東京都江東区豊洲にセブン‐イレブンがオープンしたのが最初と言われているが、その後どんどん店舗数を増やして、現在約5万6000店舗と、現代生活に必要不可欠な存在になっている。

コンビニというビジネスモデルの優れているところは、一つ一つの店舗は小さくても、本部がメーカーに対してまとめて発注をかけることによって、仕入れ価格を引き下げ、新製品や人気で品薄になっている商品を優先的に確保することができることだ。それだけではない。零細企業単独では導入が難しい最先端の情報システムを導入することができたり、チェーン店統一のキャンペーンを行えたり、オリジナルブランドの商品を開発・販売することができるのだ。しかし、破竹の勢いで成長してきたコンビニ業界にも限界がみえてきた。2019年10月10日にセブン&アイ・ホールディングスが傘下のセブン‐イレブン1000店を閉鎖、立地移転するなどの構造改革策を発表したのだ。なぜ、そんなことが起きたのか。

一つは、コンビニが飽和状態に近づいたということだ。全国のコンビニ数が5万6000店に迫るなかで、当然、近隣のコンビニとの競争は厳しくなっている。そこに追い打ちをかけたのが、アルバイトの時給高騰だった。人件費の圧迫で、コンビニの経営自体が苦しくなってしまったのだ。コンビニ経営者のなかには、採算の厳しい深夜帯の営業をやめたいと考える人が増えている。ただ、コンビニの24時間営業は、防犯上も、深夜労働をする人の生活を支えるためにも大きな役割を果たしている。商品の配送も24時間営業を前提に組まれている。そこでセブン-イレブンは、24時間営業を続ける店に対するインセンティブを強化する方針を発表した。ただ、それでもいまのように大部分の店が24時間営業を続けることは難しくなるだろう。今後は、経営の厳しい地方や郊外のコンビニを中心に、営業時間の短縮、売れ残り商品の値引き販売、手間のかかる店頭調理のおでん販売中止といった変化が続いていくものとみられる。

そして、日本の消費市場では、さらなる変化が生まれている。ネット販売の急成長だ。アマゾンや楽天市場など、2018年のネット小売市場は前年比9％増の18兆円に達した。商店街から、大型スーパー、ショッピングモール、そしてネット販売へと、小売りの重心が移るなかで、確かに我々の暮らしは便利になった。しかし、そうした変化が、そこで働く人の暮らしをどう変えたかを考えるべきではないか。

商店街の店主は、それぞれが一国一城の主だった。何を売るのか、何を仕入れるのか、値付けをどうするのか。すべてを店主が決めていた。経営権は完全に商店主にあったのだ。

だから、歳末大売り出しが終わった正月は、商店街は一斉に店を閉めていた。日本の家庭がおせち料理を食べていたのも、正月の期間中は、買い物に出られなかったからだ。逆に言えば、そのことが商店主やそこで働く労働者に正月を家族で過ごす時間を与えていたのだ。しかし、商店街が衰退して、彼らが大型店やコンビニやネットショッピングの配送員になると、正月を家族と過ごす時間が奪われてしまう。

私は、以下の3つの施策を講ずれば、日本の商業は正常化していくと思う。第一は、大店法の復活だ。すでに建設されたショッピングモールを閉鎖させることは難しいだろうが、これ以上の拡大を止めるのには効果があるだろう。第二は、コンビニの営業時間や価格設定が店主の自由であることを、法律的に担保することだ。そして、第三は、同一労働同一賃金を徹底することだ。

これを徹底すれば、人件費の増大で、郊外や地方のコンビニは24時間営業を続けることができなくなる。正月を休むところも出てくるだろう。稼働率が高く収益の多い都心部は、24時間営業を続けるだろうが、それはそれでよいのではないか。住宅地のコンビニが24時間営業をやめれば、多くの従業員が人間らしい生活を取り戻すことができる。そこに地産地消のモラルが加われば、商店街の復活も可能になるだろう。ここでも、小規模分散化が、重要なキーワードになるのだ。

佰食屋という未来モデル

商業の話をしたので、飲食店の未来についても書いておこう。いま私の心のなかには、理想となる経営モデルが存在する。それが、佰食屋《ひゃくしょくや》という飲食店だ。現在、佰食屋は京都に四店舗を展開している。京都・西院の国産牛ステーキ丼専門店、京都・四条河原町のすき焼き専科、京都・錦市場の肉寿司専科、京都・四条大宮でカレーとカレーつけ麺を提供する佰食屋1／2だ。

実は、私は2020年2月に、佰食屋を経営する中村朱美《あけみ》さんと対談する機会に恵まれた。彼女の経営理念があまりに素晴らしく、ある意味で、これからの経営のモデルになるものだったので、その話を書いておきたい。

中村さんの経営する佰食屋は、ランチのみの営業で、提供する料理は、どの店舗も一日100食の限定だ。100食をすべて売り切ったら閉店してしまう。どの店も大変な人気で、午前九時半から配布する整理券の分だけで、一日分を売り切ってしまうこともあるそうだ。

人気の最大の理由は、高いコストパフォーマンスだ。通常の飲食店は、売り上げに占める材料費の割合（原価率）が3割程度だが、佰食屋は5割だ。肉はすべて国産牛で、コメも野菜も基本的に地元から仕入れている。もちろん海外産の食材を使えば、コストを抑えることは可能なのだが、安全で安心できるという理由のほかに、近隣の商店や農家を支えるという意味合いもある。ガンディーの唱えた「隣人の原理」だ。

佰食屋は、一日100食分の食材だけを仕入れる。だから、完売すればフードロスがないので、環境にもやさしい。

メニューの単価は、1000円程度だから、完売しても、1日の売り上げは10万円強、月の売り上げは、300万円にも満たない。それでも、その3割を人件費に回している。従業員は、アルバイトも含めて7～8人いるから、正社員でも年収は300万円程度と決して高くはない。ただ、驚くべきは、労働時間だ。出退勤時間は、自分で選択できるフレックスタイム制なのだが、遅い人でも18時前には、仕事を終えることができる。つまり従業員が毎日家族と夕食を取ることができるのだ。

飲食店は、長時間労働を強いられることが多いが、佰食屋は一般企業よりも退勤時間が早い。それが可能になったのは、ランチ営業のみ、100食売り切り閉店というビジネスモデルの結果だが、中村さんがそもそも佰食屋を作ったのが、この短い労働時間を確立するためだったという。以前の仕事では夫婦とも長時間労働で、休みの曜日も合わなかったため、夫婦の会話時間さえあまり取れないという問題を解消しようとしたのだ。本来であれば、もっと営業時間を延ばして客を増やせば、より大きな利益が得られるはずだが、利益より、ワークライフバランスを優先させたのだ。

佰食屋のもう一つの特徴は、多様な従業員だ。ハローワークを通じて、様々な人材を採用している。シングルマザー、介護中の人、就職氷河期で正社員になれなかった人、70歳以上の高齢者、小さな子供を育てる母親などだ。採用の基準はたった一つ。「今いるメンバーと合うかどうか」だ。資本主義の経営者は、労働者を道具だと思っているが、中村さんは、仲間だと思っている。だから、メンバーと仲良くやれるかを重視するのだ。経験は、問わない。メニューを3種類に限定しているので、1か月もトレーニングすれば、みな覚えられるからだそうだ。

そして、中村さんの一番素晴らしい経営方針は、自己決定権を従業員に与えていることだ。もちろん、会社全体の大きな戦略は中村さん自身が考える。しかし、日常業務でどのようにするのかという戦術の部分は、従業員に任せるのだ。そうすると、従業員自身が考えて仕事をするから、仕事自体が楽しくなる。

仕事が楽しい、自由時間もたっぷりとある。年次有給休暇も好きなときに取れる。さほど高い給料はもらえないけれど、それでも、時間さえあれば、お金をかけずに人生を楽しむ方法はいくらでもあるのだと中村さんは言う。

中村さんは、佰食屋1／2という、一日50食、夫婦2人だけで営業できる業態の店舗を各県1店舗程度でフランチャイズ展開しようとしている。儲けようというのではない。幸せな仲間を増やすためだ。人を幸せにするのが、佰食屋の目的なのだ。

佰食屋の佰は、百という漢数字に「にんべん」がついている。これも、人を大切にするという理念が込められたものなのだ。

ちなみに中村朱美さんと対談したとき、話題が、増え続ける企業の内部留保に及んだ。2018年度末で、企業が抱える内部留保は526兆円と、名目GDPに匹敵する規模に及んでいる。これほどまでに内部留保が膨らんだ理由について、私の見立てはこうだ。いまの大企業の役員報酬の二本柱は、業績連動給と株価連動給だ。これを増やすためには、まず従業員を減らし、非正社員の比率を高めることで、人件費を抑制する。すると、利益が増えるから、業績連動給が増加する。さらに増えた利益を設備投資や研究開発投資に回すのではなく、ひたすら貯め込む。すると企業が抱える純資産が増えるから株価が上昇して、株価連動給が増加する。つまり、カネの亡者になってしまった企業経営者が、自らの懐を潤わすことだけを考えて経営をしているから、内部留保が増加し続けると、私は考えているのだ。

ところが中村さんの見立ては違った。「私は、企業経営者に勇気がないんだと思うんです。いつ何が起きるか分からないから、心配で仕方がないから、お金をキープしておこうとする。ただ、私は、何か起きたら、自分で何とかするぞという覚悟があるから、従業員に分け与えても大丈夫だと思っているんです」。

どちらの見立てが正しいのかは分からない。しかし、確かなことは、飲食業に限らず、中村さんのような経営者が日本中にたくさん出てくれれば、企業や富裕層がお金を貯め込んで、庶民や地方や中小企業にちっともお金が回らないという現状は、大きく変わるだろうということだ。

日本のエネルギーをどうするのか

２０１９年９月に日本を襲った台風15号は、千葉県を中心に大規模停電を引き起こし、復旧に長期間を要した。その間、市民生活は大混乱となった。コンビニやスーパーはレジが使えずに販売ができず、信号が点灯しないため交通が混乱し、冷凍や冷蔵商品がだめになってしまった。テレビがつかないためリアルタイムの情報が得られず、スマホの充電をするために、市役所には市民の大行列ができた。我々の日常生活に電気は不可欠だから、長時間の停電は生活を破壊してしまうのだ。

こうした事態を迎えると、必ず出てくる議論が電線の地中化だ。欧州の大都市にはほとんど電柱が立っていない。それは、景観上も望ましいし、台風に対しても強いのだから、電線は基本的に地中に埋めるべきだというのだ。確かに、そうした効果はあるが、電線の地中化には大きな問題がある。一つは、莫大なコストだ。電柱方式であれば、1キロメートル当たり2000万円で済むところが、地中化工事は約3億5000万円と18倍ものコストがかかってしまう。

もう一つは、復旧の問題だ。大地震が起きて地中の電線が切れてしまうと、切れた場所を特定するのに時間がかかり、修理が地中の作業になるため、復旧に時間とコストがかかってしまうのだ。地震大国の日本にとっては、重大な問題だ。

私は、台風対策のためにも、電力の供給を小規模分散、地産地消型に転換すべきだと考えている。いまの電力供給は、電力会社による大規模生産独占供給だ。だから、その供給経路が断たれると大規模停電につながってしまう。

まず家庭や事業所は、できるだけ太陽光発電と蓄電装置を備える。そうすれば、少なくともその場所の停電は起きない。もちろん、すべての家庭や事業所がそうした装置を備えることは不可能だが、停電時に近所にスマホ充電のおすそ分けをすることくらいは、十分可能だろう。

そして、地域として最も取り組むべき課題が地熱発電だ。日本は火山国で、世界第3位の地熱資源を持っている。地熱発電は、二酸化炭素を出さないだけでなく、太陽光と異なり、夜間でも発電ができる。地熱発電は、日本ではほとんど普及していないが、技術的に難しいわけではない。アイスランドでは、電力の3割を地熱発電でまかなっている。しかも、発電に使われているタービンは日本製だ。

地熱発電が日本で進まないのは、資源が国立公園内など、法的に開発規制のある地域に集中しているという問題もあるが、もう一つ、地域の同意が得にくいという問題もある。地熱と温泉は熱源が同一であるため、地熱開発をしようとすると温泉資源が減少するリスクがあるのだ。そうしたリスクを冒してまで、他地域に電力を供給する必要はないと考える住民の気持ちは当然だが、自らの地域に電力を供給する、つまり電力の地産地消をするという目的であれば、合意を得やすいのではないだろうか。

電力供給の発想を根本から転換し、再生可能エネルギーによる小規模分散、地産地消型に変えていくべきだ。電力供給の基本は家庭や事業所、そして地域が担う。そして大手電力会社は、その補完に徹する。それくらいの発想の転換が、いま求められているのだと私は思う。

日本の国土と地域をどうするのか

２０１９年10月、台風19号が襲ったとき、ダムの役割を考えさせる象徴的な事件が起きた。建設工事が完了し、運用に向けて試験湛水《たんすい》に入っていた群馬県の八ッ場《やんば》ダムに台風で降った豪雨の水が一気に流れ込んだのだ。台風上陸前日の10月11日から13日午前5時にかけて、八ッ場ダムには７５００万立方メートルの水がたまり、15日午後6時ごろに、貯水率が１００％の９０００万立方メートルとなった。

国土交通省関東地方整備局によると、八ッ場ダムを含む利根川水系の７つのダムで１億４５００万立方メートルの貯水をし、群馬県伊勢崎市の八斗島《やったじま》地点の利根川の水位を１メートル下げたという。貯水の3分の2近くを八ッ場ダムが達成したことになり、「八ッ場ダムが利根川を洪水から救った」という称賛の声があちこちで聞かれた。

八ッ場ダムは、「コンクリートから人へ」のスローガンを掲げた民主党政権が、一時建設にストップをかけたいわくつきのダムだ。「やはり、洪水から街を守るためには、ダムが必要じゃないか」というのが世論になったのだ。

ただ、2019年12月26日のBS-TBS「報道1930」で共にゲスト出演した日本総合研究所の藻谷浩介氏が「だからこそ、これ以上のダム建設は不要だ」という主張をして、少し驚いた。しかし、詳しい話を聞くと、それは筋の通ったものだった。

ダムには農業や工業などに安定した水を供給する利水の機能と洪水を防ぐ治水の機能がある。確かに台風19号で八ッ場ダムが果たした治水効果は大きかったが、それは本格運用前でダムが空だったからだと藻谷氏は言った。そして、ダムには利水の機能があり、そのことを考えたら普通は空にはできないという。私が、「だったら台風の到来に備えて、放流して水位を低くしておけばよいのでは」と聞くと、藻谷氏は「それをしたら、万が一、雨が降らなかったときに、渇水になってしまう」と答えた。

確かにいまの天気予報の精度では、何日も前から正確な降雨量を予測することはできない。だからダムの治水効果というのは、おのずと限定的になる。もし治水だけのことを考えるなら、空のダムをこれからどんどん作っていかなければならなくなる。それには、大変なコストがかかるし、何よりとてつもない環境破壊になる。

それではどうしたらよいのか。考えなければならないのが、水田の持つ洪水調整機能だ。いまのようなダムがなかった時代に洪水が起きたときには、水田に水がたまり、それが都市に水があふれる状況を防いできた。しかし、水田を次々につぶして家を建ててしまったために、水田の遊水地機能が失われてきたのだ。それだけではない。かつては、家は川が氾濫して水没する地域には建てられていなかった。しかし、大都市化によって土地が足りなくなり、水没の可能性が高いところまで住宅が密集するようになった。例えば、東京の多摩川周辺では、川に隣接して住宅街が広がっている。その住宅を洪水から守ろうと思ったら、巨大な地下放水路の建設やダム建設を一層進めていかなくてはならない。

もちろんそれは一つの選択肢ではあるのだが、人口減少社会に入っている日本がとり得る現実的な選択肢は、昔のように、洪水に遭わない地域に住宅や事業所を置くことではないだろうか。地球温暖化によって、洪水のリスクが高まっているいまこそ、もう一度、脱ダムを考える時期に来ているのではないだろうか。

ずっと住み続けられる豊かな生活環境

日本で一番面積の小さい村がどこだかご存じだろうか。富山県の舟橋《ふなはし》村というところだ。村の面積の3・47平方キロというのは、東京都千代田区の3分の1に過ぎない。村内の大手事業所は、工場が一つあるだけで、産業の大部分は農業だ。経済面では、非常に環境の厳しい村で、県からは周辺自治体との合併を強く要請されたという。しかし、住民の総意で、独立独歩を守りたいということで、合併を拒否したという。ところが、そんな小さな村に異変が起きている。人口が急増しているのだ。

1985年の村の人口は1419人だったが、2015年には2982人と、ほぼ倍増しているのだ。なぜ、そんな奇跡が起きたのか。舟橋村は、富山市に隣接している。そして、富山地方鉄道本線で電鉄富山駅と越中舟橋駅の間は、5駅、15分で結ばれている。つまり、とても立地のよい村なのだ。舟橋村は、富山市のベッドタウンとして、人口を急増させているのだ。

しかし、単に立地がよいという理由だけで人口が増えたのではない。舟橋村は、文化振興を最優先の政策に掲げているのだ。

例えば、越中舟橋駅には、駅舎と併設する形で図書館が建設された。県からは「分不相応の立派な図書館」として、厳しい意見を言われたそうだが、それを押し切った。そのおかげで、住民1人当たりの貸出冊数は年間29冊と、日本一を誇っている。

また、舟橋村には、舟橋会館というコミュニティセンターに270人収容の大きなホールが作られている。住民のうち10人に1人が訪れないと満席にならない「過剰設備」なのだが、住民の学習意識が高いため、満席になるのだという。実は、私も講演会で呼ばれてこのホールで話をしたのだが、三連休の中日であったにもかかわらず、ホールはほぼ満席だった。ちなみに舟橋会館には、公衆浴場も併設されている。

そのような文化・教養のレベルを上げていく政策を取っていけば、住民は集まってくる。そして、そうした村の文化振興策のなかで、私が一番心を打たれたのが、農業の遊休地対策だった。

舟橋村もご多分に漏れず、高齢化で農業を廃業する住民が増えている。そこで、村が、耕作放棄地を借り上げ、細かく区分けして、サラリーマンの世帯に貸し出している。そして、農作物の作り方を、実際にプロの農家から教えてもらえる仕組みにしているのだという。

私自身もすでに述べたように2018年から、群馬県の昭和村で農業を始めている。そこで一番感じたことは、素人が農業を始めるためには、プロの農家のサポートが不可欠だということだ。ところが、そうしたサポートを個人で得ようとしても、なかなか難しい。それを行政がやってくれるのなら、こんなに嬉しい話はないのだ。

都市で稼ぎ、たまには都市で様々な文化的な刺激を受けながら、短時間で田園風景の広がる豊かな自然に囲まれた自宅に帰る。そして、きれいな空気を吸いながら、農作業で汗を流す。そして雨が降れば、図書館で本を借りて、読書にふける。まさに「晴耕雨読」の生活だ。現役時代も、定年後もずっと住み続けられる豊かな生活環境が、人口の急増をもたらした最大の要因なのではないだろうか。

最近の地方都市は、何とか大都市に引けを取らない魅力を確保しようとして無理をしている。しかし、無理やり作り上げた都会的なものを喜ぶ住民がどれだけいるのだろうか。舟橋村の成功は、本当の住民のニーズというのは、もっと地味で、地に足のついたものであることを物語っているのではないか。

実は、舟橋村の金森勝雄村長と少し話をする時間があったのだが、この文化レベルの高さに、あるコレクターから、大判小判のコレクションを村に寄贈するので、展示をしてもらえないかというオファーがあったそうだ。ただ、あまりに高価なもので、警備にコストがかかりすぎてしまうので、丁重にお断りしたのだそうだ。

私も、自分のコレクションを、この村になら寄贈してもよいと思ったのだが、残念ながら、これも保管コストの理由で、あっさり断られてしまった。

どうする東京の空き家

2020年1月12日付の日本経済新聞によると、全国の空き家数ランキングで、第1位が東京都世田谷区の4万9070戸、第2位が東京都大田区の4万8080戸となった。誰もがうらやむ東京の高級住宅地で、なぜこんなに空き家が増えているのか。

一つの原因は、再建築が難しいことだ。昔を知る人に聞くと、世田谷区の道路は、昔は畑のあぜ道だったところが多いそうだ。だから道幅が極端に狭い。建築基準法では、幅4メートル以上の道路に2メートル以上接していないと、建物を建てられない。だから相続で物件を引き継いでも、家を建てられないのだったら使い道がないということで放置されてしまうのだ。

そうなると、治安上や防犯上の大きな脅威になるだけでなく、災害のときに大きな問題を引き起こす。特に心配なのが首都直下型地震だ。首都直下型地震については、政府の有識者会議が、延焼のリスクも公開しているのだが、都心に隣接した世田谷区などの木造住宅密集地域は、火災が広がることが予測されている。当然といえば、当然の予測だ。

しかも、前章で述べたように、首都直下型地震は目前に迫っている。もし、予想通りに首都直下型地震が発生すれば、東京都心に隣接した住宅地は焼け野原になる可能性が高い。それは、東京にとって大変な災難だが、もしかするとそれがきっかけで東京の再開発につながるのかもしれない。

東京を「出島」に

焼け野原になった東京の再開発をどうするのか。私はそこにただ住宅を再建築するのではなく、大規模な区画整理事業を行うべきだと考えている。1872年の銀座の大火の後、区画整理をして道路幅を広げ、煉瓦街として生まれ変わったのを皮切りに、日本では大きな火災が発生するたびに区画整理事業が復興対策の一環として行われてきた。首都直下型地震による火災や家屋の倒壊の後に、区画整理を大規模に仕掛けるのだ。そこでは大胆な減歩《げんぶ》（区画整理などで公共用地を生み出すため、宅地面積を整理前より減らすこと）を行い、広い道路を確保するとともに、東京をぐるりと囲む森を整備するのが理想だと私は考えている。

モデルはドイツの大都市だ。

　ドイツの大都市中心部のターミナルを列車が出発すると、やがて森のトンネルに入る。そして、森のトンネルを抜け出ると、そこには田園風景が広がり、素朴で優しい人たちが住んでいる。日本も、そうした街づくりを進めるべきだと思うのだ。

　実は、私はヨーロッパでの体験をもとに漠然とそうしたイメージを描いていたのだが、地域開発の専門家に聞くと、私の考えていることは、「グリーンベルト構想」と呼ばれて、大昔から存在しているのだそうだ。調べてみると、1924年にアムステルダムで開催された国際都市計画会議でグリーンベルト構想が提唱された。大都市の無秩序な拡大を防ぐためだった。

　日本もその構想に合わせて、1932年に東京緑地計画協議会が設置され、1939年には東京緑地計画が策定された。そして実際に、緑地の整備が進められていったのだ。当時の計画地図（**図7**）をみると、東京の西側は環状8号線のあたり、東側は環状7号線のあたりにグリーンベルトが設定されていたことが分かる。とても大雑把に言うと、東京23区内を都市として画定し、その外側を田園地域にしようとする構想が進められていたのだ。残念ながらこのグリーンベルト（東京緑地）は、戦後の農地改革によって農地として解放

図7　東京緑地計画の区域

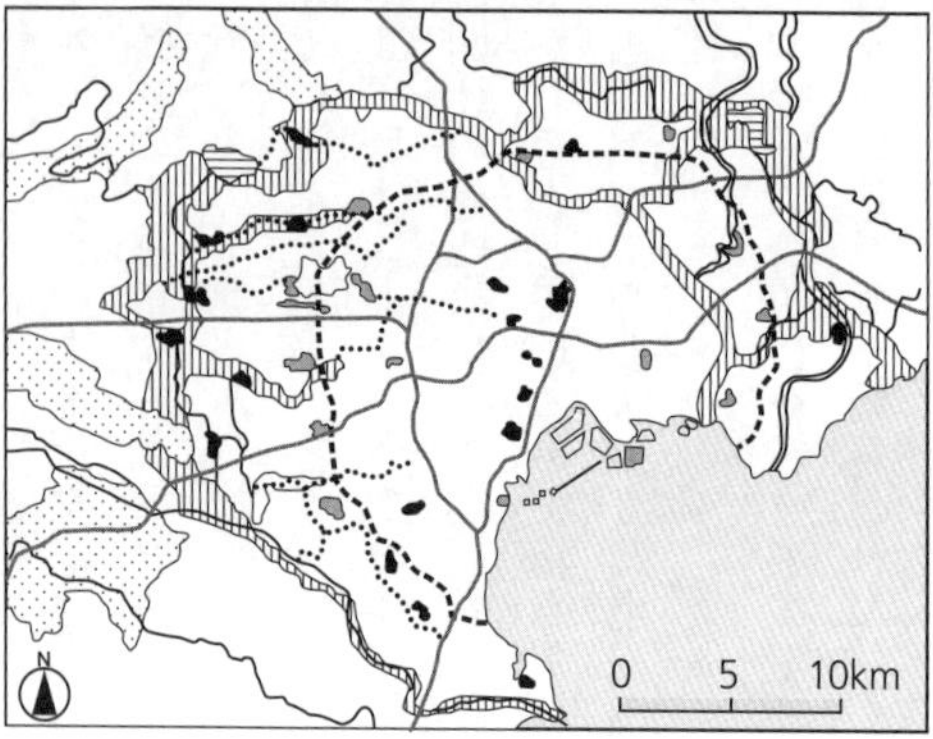

昭和14(1939)年
このときの東京緑地計画は東京府及び神奈川、埼玉、千葉、茨城、山梨の各県にわたる広範な東京地方緑地計画を決定していました。この図は東京市付近を示しています。

（出典）国土交通省
『平成12年建設白書』

され、大幅に縮小してしまった。だが、その一部が大規模公園として現代にも残されている。駒沢公園、砧《きぬた》公園、小金井公園、石神井《しゃくじい》公園、神代《じんだい》植物公園などは、そのときの〝遺跡〟なのだ。

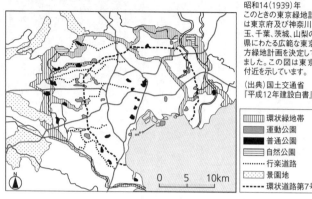

私は、このグリーンベルトを森として復活させればよいと思う。そして、一番大切なことは、その内側に資本主義を封じ込めるということだ。

いまの世界情勢のなかで、日本が資本主義と完全に縁を切ることは難しい。ただ、資本主義が人と地球を破壊する危険な存在であることが明らかになった以上、資本主義との共存を考えなくてはならない。そして資本主義の被害を最小限に食い止めるために、グリーンベルトのなかに封じ込めるのだ。江戸時代の「出島」の拡大版だ。もちろん、資本主義の巣窟は、東京だけに限る必要はなく、名古屋や大阪やその他の大都市にも設置してよいだろう。そして、グリーンベルト内の「レッドゾーン地域」は、徹底した市場原理主義の法規制を敷く一方で、グリーンベルトの外の「グリーンゾーン地域」は、かつて日本が「社会主義」と呼ばれていた時代の規制に戻すのだ。例えば、企業による営農を禁止し、種子法を復活、種苗法を廃止して、農家に自家採種を認めるようにする。大店法を復活させ、商店街に活気を取り戻す。外国人や外国法人による土地所有を禁じる。派遣労働を全面禁止し、解雇を厳重に規制するとともに、同一労働同一賃金を厳しく適用する。こうした一国二制度を構築することによって、グリーンゾーンを資本主義から防衛するのだ。

妄想だと思われるだろうか。しかし、東京封じ込めは、絵空事ではない。新型コロナウイルスの感染拡大で緊急事態宣言が出された2020年4月7日に、多くの県知事が、首都圏から地方への往来は控えてほしいと呼びかけたのは前述のとおりだ。

コロナウイルス対策という異常事態の結果ではあるが、これまで全国の憧れだった東京の地位が揺らいだことは、間違いないのだ。

第六章　新しいライフスタイル

老後に2000万円必要

金融庁が2019年6月3日にまとめた「高齢社会における資産形成・管理」という報告書のなかで、「老後を年金だけで暮らすには2000万円が必要」としたことが大きな論争を呼んだ。

立憲民主党の辻元清美国対委員長は、「国民に対し、老後は年金だけでは暮らせないから、投資も含め2000万円かかるぞ、と。政治の責任を放棄したと言わざるを得ない」と糾弾し、まず国民に謝罪すべきだとした。麻生太郎財務大臣兼金融担当大臣は、この報告書を正式のものとしては受け取らないとして無視を決め込んだが、野党は、この問題を同年7月の参議院選挙の争点にして政府を追及した。

実は、報告書の推計は、きわめてシンプルなものだ。現在、夫が65歳以上、妻が60歳以上の無職の2人暮らし世帯は、収入が21万円に対して支出が26・5万円と、月5万5000円の赤字を出しているので、この赤字を65歳から95歳までの30年間積み上げると約2000万円になるというのだ。

しかし、この計算には二つの大きな問題がある。一つは、人間は95歳までに死ぬとは限らないことだ。厚生労働省が作成した生命表では、2000年生まれの女性の20%が10

0歳まで生き残る。そして5％近くが105歳まで生き残るのだ。統計学の世界では、一般に5％以上の確率があることは、「あり得る」として扱われる。つまり、105歳まで生き残ることはあり得るのだ。だから、安心して老後を過ごすためには、金融庁の報告書が想定した95歳ではなく、105歳まで、40年間の生活資金を蓄えておく必要があるのだ。

もう一つの問題は、公的年金が今後大きく削減されていくことだ。いまの公的年金は、現役世代が支払った保険料をその年の高齢者で分かち合う「賦課《ふか》方式」で運営されている。日本の人口構造は、現在2・1人で1人の高齢者を支えているが、いまの大学生が高齢層に入る2065年には1・3人で1人の高齢者を支えることになる。賦課方式を続ける限り、単純計算で、公的年金の給付水準はいまより約4割も減少することになる。

この二つの要因を考慮し、①年金給付の水準が今後20年間にわたって2％ずつ減少して、その後横ばいになる、②105歳まで生き残る、という二つの仮定の下で計算すると、老後資金の不足金額は5780万円に達するのだ。

もちろん、そんな莫大な貯蓄ができるはずがない。金融庁は、「貯蓄から投資へ」というスローガンを補強するために単純な推計を示したのだろうが、藪蛇《やぶへび》になってしまったのだ。ただ、私は、こうした老後不安をあおる戦略には、もう一つの政府の意図があるのではないかと考えている。それは、働き続けるという国家戦略だ。

75歳まで働き続けろという国策

２０１９年10月に厚生労働省が、年金受給開始の繰り延べ期間を延長する案を社会保障審議会の年金部会に示した。現行制度では、年金受給開始年齢を60歳から70歳の間で選択することができるのだが、それを75歳まで広げる。受給開始を本来の65歳から遅らせると、1か月につき０・７％ずつ年金が増える。つまり、新制度で75歳からの受給開始を選べば、84％も年金が増えるというのだ。

厚生労働省の示したモデルケースによると、65歳から月額15万５０００円の厚生年金が、75歳からの受給開始を選べば、28万５２００円に増える。月額30万円近い年金というのは、魅力的ではあるが、60歳で定年を迎えてからの15年間をどうやって暮らせばよいのか。答えは明白だ。働き続けるのだ。

このように、政府はいま「死ぬまで働き続けろ」戦略を鮮明にしている。労働力人口減に伴う国力の低下を防ぐためもあるが、一番大きな理由は、年金制度の崩壊を防ぐためだろう。すでにこの「死ぬまで働け戦略」は、しっかりと政府の長期計画に織り込まれている。

２０１９年８月に発表された公的年金の財政検証では、ケースⅠからケースⅥまで、６つの将来推計が示された。そのうち、年金法に定められた所得代替率50％以上が長期的に維持できるのは、ケースⅠからケースⅢの「経済成長と労働参加が進むケース」だけだった。所得代替率というのは、厚生年金の保険料をもれなく納めた場合に、年金の受給額が、現役世代の手取り収入の何％になるのかという数字だ。老後に年金収入だけで相対的貧困状態に陥らない最低限度が、所得代替率50％ということだ。

しかし、その条件を維持するためには、65〜69歳男性の労働力率を現状の56％から２０４０年に72％へ、16％ポイント上げなければならない。65〜69歳女性は現状の35％から54％へ、19％ポイントも上げないといけない。つまり、男性の７割以上、女性の５割以上が70歳まで働き続けない限り、年金制度は維持できないということだ。

それだけではない。財政検証では、男性の70〜75歳の労働力率も２０４０年に49％まで高まると見込んでいる。つまり、男性の半数は、75歳まで働かなければならないのだ。

いま、日本人男性の健康寿命は72歳だ。75歳まで半数の人が働き続けるというのは、介護施設から働きに出ることを意味するから、不可能に近い想定としか思えない。しかし、政府は、そんなことにはお構いなしだ。安倍政権が掲げる「全世代型社会保障」というのは、富国強兵・殖産興業の国家総動員政策だからだ。国の繁栄のためには、国民の老後の幸せなど、とるに足らないことだと政府は考えているのだろう。

もちろん、私は働くことがいけないと言っているのではない。働けるのなら75歳まで働いてもいいと考えている。問題は、どんな仕事をするのかということだ。資本家のしもべとなって、やりたくもない仕事を続けるのは、勘弁してほしいと思うだけだ。

レッドゾーンとグリーンゾーン

少し先走ってしまったが、俯瞰《ふかん》的に言うと、私は、これからのライフスタイルは、居住地ごとに3つのパターンに分かれていくのではないかと考えている。

第一は、レッドゾーン地域、つまり大都市に住み続けるというライフスタイルだ。これが、いま政府がイメージしている標準パターンだろう。ただし、大都市住民は、格差拡大のトレンドのなかで二極分化していくことが避けられない。一つの極は、資本主義の成功者だ。タワーマンションのペントハウスや都心の一戸建てに住み、富裕層のコミュニティのなかで、エンターテインメントを楽しみ、おしゃれなレストランで食事をして、高価な調度や美術品に囲まれて暮らす。彼らの収入源は、もちろんカネにカネを稼がせることだ。ただし、彼らの生活は、自分たちだけでは成り立たない。

そこで登場するのが、第二の極、富裕層の暮らしを支える〝召使い〟たちだ。彼らは、富裕層の近くに住まないと、仕事にならない。だから都心に住む。しかし、その生活環境は富裕層とはまったく異なる。ちょうど豪華客船を思い出せば分かりやすいと思う。富裕層が広い客室に泊まり、レストランで豪華な食事をし、カジノやプールで遊ぶ一方、乗員たちは、最下層に設置された狭い部屋の二段ベッドのなかで、疲れを癒すための睡眠をとるだけの生活を続けていく。そんな暮らしだ。

下層の大都市住民は、人生の一発逆転を目指して、挑戦を続ける。そして、そのなかの一部が、実際に成功者になっていく。もちろん、成功するのは、本当のごく一部だ。

都心にこだわり続ける大部分の低所得層は、高い生活費を捻出するため、グローバル資本の用意する単純労働を生涯続けることになる。それは、いばらの道だ。

第二のライフスタイルは、グリーンゾーンのなかで、グリーンベルトに近い地域で暮らすものだ。つまり、それほど都心から離れていない郊外に住むライフスタイルだ。これまでも述べてきたように、私自身も実践しているトカイナカの暮らしだ。

私は埼玉県所沢市の西のはずれに住んでいる。住み始めたのが1985年だから、もう35年が経つ。私の家から都心まで通勤すると1時間半もかかるのだが、そこに家を建てたもともとの理由は、コレクションを置くスペースが必要だったからだ。東京は、家賃もマンションの分譲価格も高いのだが、埼玉であれば東京都心の10分の1で家が手に入ることも珍しくない。つまり、ずっと広いスペースを確保できるのだ。

ただ、実際に埼玉に住んでみると、住居費以外にもたくさんメリットがあることが分かった。まず、物価が安いことだ。実感で言うと、物価は都心より3割くらい安い。例えば、わが家の近所の100円ショップでは、期限切れ間近のペットボトルのジュースが3本100円で売られている。郊外立地の激安量販店やアウトレットにも、自転車で行ける。さらに、環境も素晴らしい。都心から50キロ離れるだけで、空気はおいしいし、緑も多い。朝は小鳥のさえずりで目覚めることができる。近くの畑で採れた新鮮な野菜は、農家の庭先の無人販売棚に並べられ、100円で買える。カブトムシやクワガタは採り放題。少し足を延ばせば、清流で川遊びやバーベキューもできるのだ。

それだけではない。トカイナカに住むことの最大のメリットは、住民が庶民ばかりだということだ。見栄を張りたい人は、東京都心や横浜といったおしゃれな街に住む。トカイナカに住む人は、多くの人がそうしたことに無関心だ。だから、余計な見栄の張り合いをする必要がないのだ。「公園デビュー」や「お受験」競争とは無縁の生活が、トカイナカではできるのだ。

トカイナカに住むことの最大の欠点は、イメージだろう。これまで、東京に隣接する千葉や埼玉は、「ダサい」と言われて、東京の人たちからバカにされる風潮があった。

ただ、ブランド総合研究所が発表した2019年の「地域版SDGs調査」によると、生活満足度の第1位は千葉県だった。2位は兵庫県、3位は埼玉県と愛知県、大都市郊外が上位を独占したのだ。一方、大阪府は24位、東京都は28位と中位にとどまり、島根県が45位、青森県が46位、秋田県が47位と、地方には厳しい結果となっている。

実際にトカイナカに住んでいる人の満足度は高い。その理由は、「バランス」だと私は考えている。都市機能と豊かな自然のバランスがとれているだけでなく、人間関係もほどほどだ。大都市中心部のように「隣に住んでいる人も知らない」ということもないし、田舎のように近所の人が勝手に家に入ってくることもない。都心のように手を上げればすぐにタクシーが止まるということはないが、電車やバスなどの公共交通機関は、そこそこの頻度で走っている。病院や介護施設も、ある程度充実している。家賃も物価も安いので生活コストを節約できるのだ。

老後を安心して暮らすためには、公的年金の範囲内で、基礎的な支出がまかなえるように家計の構造を変えるしかない。例えば、将来的に年金が夫婦で13万円にまで減るのであれば、13万円でも生活していけるような生活設計をしないといけないのだ。東京や大阪といった大都市で、そうした生活は不可能だろう。しかし、大都市の郊外や地方の中核都市なら、私は十分に可能だと考えている。普通の年金生活者は、所得税や住民税を払う必要がない。国民健康保険の保険料も月額1万円に届かない程度で済むし、高額療養費制度があるから、莫大な医療費を払う必要もない。家さえあれば、食べるためのコストは、そんなにかからないのだ。そこに庭で野菜を育てるようにすれば、月に13万円もあったら、十分生活ができるだろう。だから私は、定年後は都会と田舎の中間のトカイナカに住むのが一番よいと主張してきた。現役バリバリの時代には、通勤時間を短縮するため、都心に近いところに住んだほうが肉体的に楽だが、定年後はそこまで働く必要がないので、トカイナカの優位性は一層高まるのだ。

ただ、トカイナカに住み続けるのではなく、定年後に郊外の家を売って、都心の小さなマンションに移り住む人のほうが多いのが現実だ。そうした人生設計を否定するつもりはないが、今後公的年金の給付額が減っていく見通しのなかで、長い老後を、高い生活費を稼ぐために、やりたくもない仕事を続けるのはいかがなものかと思う。また、いまトカイナカの中古住宅は値下がりしている。一戸建てでも、駅からバス便利用のところなら、1000万円を切る住宅がいくらでもある。トカイナカ暮らしを始めるのに、大きなチャンスが訪れているのだ。

山水郷復活に向けて

第三のライフスタイルは、田舎暮らしだ。私は、つい最近まで未来のライフスタイルは、トカイナカが大本命で、田舎への移住は難しいだろうと考えてきた。しかし、それは自分自身の経験や能力に基づいて考えていたことで、世の中には、私よりもずっと意欲も能力もある人がたくさんいる。そして、その人たちは農山漁村をすでに目指して動き始めている。そのことを教えてくれたのが、井上岳《たけ》一《かず》氏の『日本列島回復論　この国で生き続けるために』（新潮選書）という本だった。

『日本列島回復論』の内容は、およそ以下のようなものだ。昭和30年代まで、日本の地方は元気だった。元気だったのは、著者が「山《さん》水《すい》郷《きょう》」と呼ぶ中《ちゅう》山《さん》間《かん》地域も同じだった。里山から得られる自然の恵みは、日常生活を支えるだけでなく、木材や間伐材で作る薪炭《しんたん》などが、貴重な現金収入をもたらしていたからだ。

しかし、貿易の自由化と石油によるエネルギー革命は、山水郷から生活を奪っていった。木材の価格は低迷し、薪炭も売れなくなった。未来が見えない若者たちは都会に出ていき、地方は疲弊していった。

問題はそれだけではない。里山は、人の手が入ることによって、自然と人間の生活のバランスが保たれてきた。人の手が入らなくなると、森のなかに細い木が生い茂って、光が入らなくなり、土砂崩れなどの自然災害が起きやすくなる。また、野放しの自然が拡大することで、野生動物が人里に近づき、人の暮らしや農業に大きな影響を与えるようになっている。井上氏は、自らの足で調べた実状と豊富なデータで、そうした事態を著書のなかで丁寧に論証している。国土が壊れていく深刻さは、目を覆いたくなるほどだ。

ところが、この本の第五章以降では、未来への強い光が差し始めていることを述べている。今世紀に入って、若い世代を中心に田舎暮らしを希望する人が増え、中山間地域のなかでも、人口が社会増となる地域も増えているという。しかも、若者が目指すのは、田舎らしい田舎だというのだ。都会に疲れた若者はつながりを求めていて、山水郷にも彼らを受け入れる体制が整ってきた。さらに交通インフラや通信網の整備は、山水郷と都会の距離を一気に縮めた。山水郷での生活が身近になったのだ。
井上岳一氏は、山水郷復活に向けての動きを、前掲書のなかで、次のように書いている。

リゾートブームはバブル崩壊で終焉しますが、バブル崩壊を機に増え始めたのが、サラリーマンが定年後に新規就農するケースでした。一九九〇年には五〇〇〇人に満たなかった六〇歳以上の新規就農者は、九三年には一万二〇〇〇人を超え、九五年には二万五〇〇〇人に迫り、九八年にはついに三万人を超え、二〇〇〇年には四万五〇〇〇人に近づきます（農林水産省「新規就農者調査」）。このような定年後の新規就農は「定年帰農」と呼ばれるようになり、九八年には、「定年帰農」を特集した雑誌『現代農業』（農山漁村文化協会）が異例の増刷。その年のNHK「クローズアップ現代」でも「定年帰農」が取り上げられて、大きな反響を呼びました。

ただ、「新規就農者調査」で、その後の「60歳以上の新規就農者」の数をみると、21世紀に入って低迷が始まって、直近の2018年は、2万9130人と3万人を割り込んでいる。

ただし、それは山水郷への関心が薄らいだからではない。井上氏の前掲書では、こんな事実も指摘されている。「地方圏への移住相談窓口を開設し、移住相談会を実施している東京・有楽町の『ふるさと回帰支援センター』では、二〇一一年までは三〇〇〇人に満たなかった面談・セミナー等の参加者数が、二〇一二年には四〇五八人、二〇一三年には七二八三人、二〇一四年には一万〇〇〇三人と、二〇一二年から急増しています。一万人を超えてからは、更に増加のペースが早まり、二〇一六年には二万一四五二人、二〇一七年には二万五四九二人、二〇一八年には二万九八四九人となっています」。地方圏への移住に関心を持つ人は大幅に増えているのだ。ちなみに、ふるさと回帰支援センター全体の相談件数は、前にも示したとおり２０１９年に４万９４０１件に達している。

山水郷への都市住民の関心の高まりを示す証拠は、まだある。政府の世論調査によると、都市住民のうち農山漁村地域に定住してみたいという願望がある人の割合は、２００５年には20・６％だったが、２０１７年には30・６％へと激増しているのだ（内閣府「都市と農山漁村の共生・対流に関する世論調査」〔２００５年11月実施〕、総務省「農山漁村地域に関する世論調査」〔２０１７年１月実施〕）。

なぜ、そんな現象が起きているのか。それは、農山漁村への移住願望を持つ割合を年齢別にみれば、明白だ。２０１６年調査でみると、移住願望を持つ都市住民の比率は、60代19・4％、50代24・4％、40代29・0％、30代36・3％、そして20代は37・9％と、年齢が若いほど移住願望を持つ人が多くなっている。男性に限ると20代の移住願望比率は、43・8％と半数近くに及んでいるのだ。

いろいろ理由はあると思うが、圧倒的に大きな理由は、若い人ほど、資本主義に痛めつけられているという事実だ。私が就職した40年前は、残業もし放題で、年収もどんどん上がった。しかし、バブル崩壊後に人件費削減の圧力が強まるなかで、正社員の賃下げができない日本では、中高年の既得権が維持される一方で、若者の給与引き上げがどんどん抑制されていったのだ。同時に仕事の中身もつまらなくなった。40年前は、ボトムアップの時代で、若いうちからどんどん仕事を任された。だから仕事自体が面白かったのだ。ところが、欧米型経営が強まるなかで、トップダウン型の経営に変わっていった。若者は目の前にノルマだけ積み上げられて、自由度がほとんどない苦役に従事せざるを得なくなったのだ。もしかしたら、正社員になれた人は、まだましだったかもしれない。１９８４年の非正社員比率は15・3％だった。それが２０１９年には38・2％にまで高まっている。非正社員の平均年収は100万円台だから、結婚して家庭を持つことさえできない所得環境に置かれた若者が圧倒的に増えているのだ。彼らにとって、田舎で働くことの低収入は、怖いものでも何でもないのだ。

また実際の新規就農者の数でみても、49歳以下の若い層は、この10年間、年間2万人前後で、安定しており、若者たちが、確実に農山漁村に向かい始めていることが分かる。

ただ、私は、すべての人に田舎暮らしを勧めない。特に定年になってから山水郷で暮らし始めるというのは、現実問題としては、かなり厳しいのではないだろうか。実は、山水郷では、現金収入を得る仕事の他に、もう一つやらなければならない仕事がある。共同体を維持するために不可欠な共同作業だ。例えば、村祭りの準備とか、そこで演じる神楽の練習とか、消防団だとか、道路の清掃とか、共同でやる炭焼きなんて作業もある。罠にかかったイノシシを捌《さば》くのも共同作業だ。それらは、自由参加ではなく、事実上の義務なのだ。そこがトカイナカとの決定的な差だ。トカイナカでも、共同でやることはあるが、例えばゴミ置き場の掃除当番が回ってくるとか、町内会の集金をしないといけないといったレベルにとどまるのだ。だから、年金生活に入って、現金収入を得るための仕事から解放されたと思っても、農山漁村に引っ越したら、相当な数の仕事が降りかかってきてしまうのだ。人とのつながりに飢えている若者ならともかく、定年後にそうした仕事を受け入れられる人は多くないのではないだろうか。

もちろん、毎年2万人もの若者たちが、農山漁村に移住をしているということは、賞賛に値する。彼らが、日本の山や田んぼや畑を守ってくれるからだ。やはり、日本列島の未来は、体力もあり、学習能力もあり、物事に柔軟に対応することができる若者たちが握っていると言えるのではないだろうか。

第七章　ＭＭＴとベーシックインカム

一定のお金を無条件で支給

総務省が2020年1月に公表した「住民基本台帳人口移動報告」で、東京圏への転入超過が14万5576人と24年連続のプラスとなった。大阪圏は3857人の転出超過、名古屋圏も1万1515人の転出超過となっており、転出超過はともに7年連続だ。東京一極集中が鮮明化してきているのだ。

東京一極集中が続く理由は、貿易の自由化とエネルギー革命によって地方での収入の道が絶たれたことだと前章で触れたが、私はIT技術の進化とインターネットの普及が、それに輪をかけているのだと思う。

ネット社会になれば、ネット上で仕事ができるようになるのだから、地方で収入を得る機会が増えると思われるかもしれないが、現実は逆になっている。例えば、いままで商店街で買い物をしていたのが、ネット通販でモノを買うように変わったとしよう。そうなると、商店で働いていた人の雇用は失われ、ネット通販事業の少なくとも頭脳労働の雇用は、東京へと流出する。かつては地方の雇用を支えた製造事業所での技能労働も、IT技術の進化で生産性が上昇したため、工場で働く人の数はどんどん減っている。金融の世界はもっと極端で、地方はそもそも金融センターになり得ないどころか、世界でみても金融センターとして機能を持っているのは、ニューヨークやロンドンなど十指に満たない都市だけだ。金融の世界こそ通信回線を介してすべての取引が行えるので、地方が有利になりそうなものだが、現実は真逆になっている。その理由は、金融業で大きな収益をもたらすのは、通信回線には乗らない情報だからだ。耳元でこっそり話される情報が利益を生むのだ。

一極集中の様々な弊害が指摘されるなかでも、それが止まらないのは、田舎では十分な所得が得られないからだ。本書のなかで、私は、隣人の原理を活かすことで資本主義と対峙し、人間らしい暮らしと地球環境を守るべきだということをずっと訴えてきた。それは、中央政府の力を借りなくても、我々が行動を変えれば達成できることだ。

ただ、もし中央政府の力が借りられるのであれば、事態を短期間に根本から変える方法がある。それが、通貨発行益を財源とするベーシックインカム制度の導入だ。

ベーシックインカムというのは、政府が、すべての国民に定期的に一定のお金を無条件で支給する制度だ。例えば、公的年金は、対象を高齢層に限り、しかも支払った保険料に応じて支給される。生活保護は、最低限の生活ができないほど所得が低いなどの条件を満たした人に支給される。ただし、受給者は資産を保有できないなど、様々な制約がかけられている。それに対して、ベーシックインカムは、無条件で一律に支給される。低所得者も富裕層も、同じ金額が支給され、受給に際しての条件もない。だから、生活保護や公的年金のような複雑な手続きや計算が不要になり、行政コストがきわめて低くて済む。

庶民だけでなく、富裕層にも一律に給付することに、違和感を覚える人もいるだろう。しかし、富裕層がより多くの税金を支払うように税制を作っておけば、所得の再分配機能は失われない。富裕層は、ベーシックインカムよりも、はるかに多くの税金を政府に収めるからだ。

多くの人がベーシックインカムに対して抱く疑念は、「そんなことをしたら、勤労意欲が失われて、誰も働かなくなってしまうのではないか」というものだろう。しかし、その懸念は、これまでに世界で行われてきた複数の社会実験で明確に否定されている。ベーシックインカムは、勤労意欲を一切阻害しないのだ。何も仕事をしないほうが、実はとても辛いことなのだ。

通貨発行益の活用

多くの人が抱くもう一つの疑念は、財政が厳しい日本で、ベーシックインカムを導入する財政的な余裕があるのかということだ。実際、イギリスやアメリカの一部の州で、ベーシックインカムの導入に向けての検討が行われているが、最大の制約になっているのが、財政の問題だ。この点に関しては、駒澤大学の井上智洋准教授が、興味深い推計をしている。1人当たり月額7万円を支給するベーシックインカムを導入しようとすると、単純計算で100兆円の財源が必要となる。しかし、失業給付や基礎年金など、廃止できる給付があるので、実質的に60兆円程度の財源を新たに見つければよいということだ。しかし、60兆円という財源を得ようとすると、増税が避けられなくなる。しかし、「通貨発行益」を財源にすれば、増税なしで、ベーシックインカムを実現することは、十分に可能なのだ。

通貨発行益とは何か。財政が赤字になっても、そこで発行された赤字国債を中央銀行が買い取ってしまえば、その時点で事実上借金が消える。つまり、自国通貨を持つ国は、どれだけ財政赤字を出しても、中央銀行が国債を買い入れてしまえば、財政が破綻することはないのだ。そんな魔法のようなことがあるのかと思われるかもしれない。多くの日本人が長年、大蔵省や財務省が繰り広げてきたマインドコントロールにはまってしまっているので、ここは、少し丁寧に説明しておこう。

政府は、国債の保有者に毎年利払いをしなければならない。満期がきたら、元本を返済しなければならない。一方、日銀がその国債を買い、永久に持ち続ける場合を考えよう。

政府は、日銀にも利払いをしなければならないが、政府が日銀に支払った利子は、国庫納付金として戻ってくる。つまり、日銀が国債を買ってくれれば、政府はいくら財政赤字を拡大しても、何の負担もせずに済むのだ。

通貨発行益は、これまで世界中で利用されており、日本でも明治維新の改革費用や太平洋戦争の戦費は、通貨発行益でまかなわれた。明治維新というのは、一種の革命だったから、新政府に資金がなかった。そこで新政府は太政官札という政府紙幣を発行することで、改革の資金をまかなったのだ。太平洋戦争のとき、政府は戦時国債を発行して資金を集めようとしたが、長引く戦争で、国民に国債を買う余裕はなかった。そこで政府は、国債を日銀に引き受けさせて、戦費をまかなったのだ。

ただし、通貨発行益の活用は、やり過ぎると、二つの問題が発生する。インフレと国債金利の上昇だ。そこで、第二次安倍政権発足後の6年間で、何が起きたのかを振り返っておこう。日銀の国債保有は、6年間で353兆円も増えた。1年当たり57兆円だ。その結果、消費者物価上昇率は2011年の0％から2018年の0・8％まで増加した。確かに物価は上昇したのだが、上昇幅は、思いのほか小さかった。安倍政権と日銀が掲げている消費者物価上昇率の目標は2％だ。それに遠く及ばないほど、物価は上昇しなかったのだ。一方、国債金利は２０１１年の０・８％から２０１８年のマイナス０・２％へと、むしろ下がってしまったのだ。

このことをどう評価するのかが、経済学が直面する最大の課題であることは間違いない。私は、安倍政権の６年間の経験を踏まえれば、少なくとも、年間57兆円程度の国債買い増しでは、高率のインフレにならないことは確実なのだと思う。それがアベノミクスという壮大な社会実験の成果なのだ。となると、毎年57兆円程度の通貨発行益を日本政府は継続的に手にすることができることになる。

そうした通貨発行益の活用は私の妄想ではない。いま経済学の世界でも、ＭＭＴ（現代貨幣理論）への賛否という形で、通貨発行益の活用について大きな議論が行われているのだ。

駒澤大学の井上智洋准教授は、著書『ＭＭＴ　現代貨幣理論とは何か』（講談社選書メチエ）のなかで、ＭＭＴについて、次のように解説している。ＭＭＴが主張しているのは、①自国通貨を発行する国では、財政赤字は問題にならない（つまり政府は無制限に借金を膨らませることができる）、②金融政策は有効でない、③雇用保障プログラムを導入すべし、の３点だという。ちなみに井上准教授の見立ては、①については肯定的で、②と③については懐疑的というものだ。私の意見もまったく同じだ。そしていま経済学界で、最大の論争になっている①の「自国通貨を発行する国では、財政赤字は問題にならない」という点について、井上准教授は、著書のなかで貨幣論の観点から、とても丁寧な説明をしている。井上准教授によると、貨幣はデータに過ぎない。お札は単なる紙切れで、それを貨幣にしているのは政府なのだから、政府はお金を刷ることでいくらでも借金を返せる。もちろん、それをやり過ぎるとインフレになってしまうから、おのずと限度はあるが、そのこともMMTはきちんと認識している。主流派経済学者たちの大きな間違いは、税収の範囲内に財政支出を抑えようとする財政均衡主義だと井上准教授は断言しているのだ。

では通貨発行益を使って何をするべきなのか。MMTでは、すべての求職者に政府がもれなく雇用機会を用意する雇用保障プログラムを導入すべきだとしているが、井上准教授はベーシックインカムのほうが望ましいと主張している。雇用保障プログラムには、政府が望ましい仕事を常に用意できるのかという大きな問題があるからだ。

私も通貨発行益は、ベーシックインカムの導入に使うべきだと考えている。通貨発行益を活用すれば、増税を一切せずに、ベーシックインカムの導入が可能になる。国民の老後不安が吹き飛び、経済も大きく上向くだろう。だが、ベーシックインカムの一番大きな効果は、東京一極集中を止め、国民のライフスタイルと地域社会を根本から変える起爆剤になることだ。

本当は地方に住みたいと考えている人はたくさんいる。しかし、地方で暮らすための最大の課題は、十分な所得機会がないことだ。ところが、ベーシックインカムの制度ができて、就職しなくても4人家族で毎月28万円の収入があるとしたらどうだろう。贅沢はできないにしても、ごく普通の暮らしはできるだろう。子供たちが独立しても、夫婦で毎月14万円の収入が入ってくる。大都市は無理でも、トカイナカや地方だったら、十分生活できる収入だ。つまりベーシックインカムの導入は、環境がよく、生活コストの低いトカイナカや地方の魅力度を大幅にアップするのだ。仕事を辞めろと言うのではない。環境のよい場所で、みなが自分の一番やりたい仕事に励むようになるのだ。

地域間の競争は、それぞれの地域がどのようなクリエイターのコミュニティを作っていくかにかかってくる。音楽の街、彫刻の街、映画の街といった街づくりが可能になるのだ。だから、いま地方が国に要求すべきことは、一日も早くベーシックインカムを導入せよということなのだ。

ベーシックインカムの導入は、経済社会を根本から変える。ベーシックインカムが、資本主義から地球を守り、人権を守る社会を創り出すのだ。

あとがきに代えて

この数年、童話作家になりたいと思い続けてきた。厳密に言うと、イソップ童話のような寓話が書きたいのだ。私はこれまで100冊を超える本を上梓《じょうし》してきたが、すべてが広い意味での経済の本だ。しかし、そうした本が売れるのは最初の数か月だけで、すぐに誰も読まなくなってしまう。だから、時代を超えて残る作品を書きたいと思ったのだ。

ところが、経済の本を出してくれる出版社はたくさんあるのだが、童話の本を出したいと言うと、なかなか受け付けてくれない。出版寸前まで行ったことはあるのだが、最後の段階でうまくいかなかった。

ただ、私は「夢を持ってはいけない」と言い続けている。いつかできたらいいなということは、一生できない。毎日一センチでもいいから、前進し続けることが重要なのだ。そこで、一つのひらめきが生まれた。経済に関する本を書いたとき、あとがきを童話にすることだ。そうすれば、私の本の読者が、私の童話の価値に気づいてくれるかもしれない。これまで2冊のあとがきを童話にした。だが、残念ながら、私の童話は、まだ日の目をみていない。だから、この本も、性懲りもなく、また童話で締めくくりたい。

ニワトリとスズメ

養鶏場のケージにスズメが飛んできました。

ニワトリさん、何かおいしそうなご飯を食べてるね。

そうよ。これは配合飼料といって、栄養バランスがとれた、おいしい食べ物なの。あなたたちが食べている虫とか木の実のなかには、毒のあるものもあるでしょう。それと比べたら、ここのご飯はとても安全なの。

そうかもしれないな。でも、僕たちにはご飯をくれる人がいないからね。自力で食べ物を探さなきゃいけないんだ。

それにね。あなたたちは、いつもご飯にありつけるとは限らないわよね。それに比べたら、ここはいつでも食べたいだけ食べられるのよ。

うらやましいな。ただ、そんな狭いカゴのなかでずっと暮らしていたら、運動不足で病気になっちゃうんじゃないの。

それが大丈夫なの。あたしたちのご飯のなかには、薬が含まれていて、病気にならないのよ。健康だから、私たちは毎日卵を産むことができるの。あなたたちは、せいぜい年に数回しか産めないでしょ。

君たちみたいに毎日卵を産んでたら、僕たちは、暮らしが成り立たないよ。僕たちは食べ物を取りに動き回らないといけないし、カラスとかフクロウだとか、外敵が多くて、僕たちはいつも狙われているからね。同じところでずっと卵を抱いていることなんてできないんだ。

そうでしょ。その点、私たちは、カゴに守られているから、とても安全なのよ。

「カゴのなかの暮らしのほうが、幸せなのかな」と思いながら、スズメは飛び立っていきました。

数日後、もう一度話をしようと、スズメが養鶏場のケージに戻ってきました。ところが、養鶏場には話をしたニワトリがいません。それどころか、養鶏場にいたすべてのニワトリが、忽然《こつぜん》と姿を消していました。

「カゴのなかに入れてもらおうと思ったんだけどな」と言いながら、スズメは、大空に向かって飛び立ちました。上空から見下ろすと、養鶏場の横には、何かを埋めたような、土を掘り返した跡が、広がっていました。

図版制作　タナカデザイン

森永卓郎《もりなが たくろう》

経済アナリスト、獨協大学経済学部教授。一九五七年、東京都生まれ。東京大学経済学部卒業。日本専売公社、経済企画庁、ＵＦＪ総合研究所などを経て現職。執筆のほか、テレビやラジオ、講演などでも活躍。著書に『年収３００万円時代を生き抜く経済学』（光文社）、『なぜ日本だけが成長できないのか』『消費税は下げられる!』（ともに角川新書）など多数。

インターナショナル新書〇五八

グローバル資本主義《しほんしゅぎ》の終《お》わりと ガンディーの経済学《けいざいがく》

二〇二〇年八月一二日　第一刷発行

著　者　森永卓郎《もりながたくろう》

発行者　田中知二

発行所　株式会社 集英社インターナショナル
〒一〇一-〇〇六四 東京都千代田区神田猿楽町一-五-一八
電話 〇三-五二一一-二六三〇

発売所　株式会社 集英社
〒一〇一-八〇五〇 東京都千代田区一ツ橋二-五-一〇
電話 〇三-三二三〇-六〇八〇（読者係）
〇三-三二三〇-六三九三（販売部）書店専用

装　幀　アルビレオ

印刷所　大日本印刷株式会社

製本所　加藤製本株式会社

 ISBN978-4-7976-8058-4　C0233

インターナショナル新書

015
戦争と農業
藤原辰史

トラクターと戦車、化学肥料と火薬、農薬と毒ガス。農業を変えた発明は、戦争のあり方をも変えた。人口増加を支えるシステムの闇に光を当て、飢餓と飽食が共存する世界で、危機に瀕している食の本質を考える。

053
欲望の経済を終わらせる
井手英策

新自由主義はなぜ必要とされ、影響力を持ったのか。歴史を検証し、スリリングに解き明かす。そして格差・貧困が広がった反省を踏まえ、財政改革を提言。経済成長がなくても、貯金ゼロでも安心の社会へ！

056
データ農業が日本を救う
窪田新之助

日本農業の未来を作るのは、生体・環境・管理の3つのデータを徹底的に活かし、流通・販売とトータルで考える「データ農業」だ。オランダや北海道の先鋭的な取り組みを取材し、ポストコロナ時代の農業に迫る。

057
ダ・ヴィンチ、501年目の旅
布施英利

没後500年が経った今、ダ・ヴィンチの生涯と『モナリザ』『最後の晩餐』『受胎告知』などの作品は世界中でどう受け止められているのか？　ダ・ヴィンチの最新の姿に出会うため美術批評家は旅に出た。